CATALOGUE

DES

GENTILSHOMMES

DE LORRAINE

ET DU DUCHÉ DE BAR

QUI ONT PRIS PART OU ENVOYÉ LEUR PROCURATION AUX ASSEMBLÉES DE LA NOBLESSE
POUR L'ÉLECTION DES DÉPUTÉS AUX ÉTATS GÉNÉRAUX DE 1789

Publié d'après les procès-verbaux officiels

PAR MM.

LOUIS DE LA ROQUE ET ÉDOUARD DE BARTHÉLEMY

PREMIÈRE LIVRAISON

PARIS

E. DENTU, LIBRAIRE
AU PALAIS-ROYAL

AUG. AUBRY, LIBRAIRE
16, RUE DAUPHINE

1863

AVERTISSEMENT.

La Lorraine, située entre le Luxembourg, l'électorat de Trèves, le Bas-Palatinat, le duché de Deux-Ponts, l'Alsace, la Franche-Comté et la Champagne, se composait des pays suivants (1) :

1° Le duché de Lorraine, cédé, en vertu du traité de Vienne, par le duc François III à Stanislas Leczinski, ex-roi de Pologne, en échange du grand-duché de Toscane, abandonné par l'Autriche ; à la mort de Stanislas, en 1766, le duché de Lorraine fut définitivement réuni à la France.

2° Le duché de Barrois, réuni, en 1484, par René d'Anjou à la Lorraine, dont il suivit depuis le sort. Il se divisait en *Barrois mouvant*, c'est-à-dire relevant de la suzeraineté du roi de France depuis la paix intervenue entre Philippe le Bel et le comte Édouard de Bar, en 1297 (2) ; et *Barrois non mouvant*, demeuré sous la suzeraineté de l'Empereur, et comprenant le marquisat de Pont-à-Mousson.

3° Les trois évêchés de Metz, Toul et Verdun, conquis par Henry II, en 1552, et définitivement annexés par le traité de Westphalie, en 1648.

4° Le duché de Carignan, acquis avec le Luxembourg français (Thionville, Montmédy, Longwy), en exécution du traité des Pyrénées, en 1659.

La Lorraine forme actuellement les départements de la Meurthe, de la Meuse, des Vosges, de la Moselle, une faible portion des Ardennes ; quelques villages se trouvent enclavés dans la Marne (arrondissement de Sainte-Menehould).

---

(1) Les armes de Lorraine sont : D'or à la bande de gueule, chargée de trois alérions d'argent.

(2) Il comprenait toute la partie du Barrois entre la Meuse et la Champagne.

L'anoblissement par les femmes existait légalement dans le *Barrois mouvant*. Le fils d'un père non noble et d'une mère noble pouvait, dans les quarante jours qui suivaient le décès de son père, s'il était majeur, ou qui suivaient sa majorité, si son père était décédé antérieurement, déclarer au bailliage de son ressort son intention de renoncer au tiers de la succession pater- nelle et de suivre la noblesse de sa mère : dans ce cas, la ques- tion était soumise au souverain, qui délivrait, s'il y avait lieu, des lettres patentes de transmission ; le fils prenait alors le nom et les armes de sa mère ; il y avait en réalité substitution de famille. Quant aux titres nobiliaires, le duc de Lorraine les con- cédait d'ordinaire à tous les descendants mâles et femelles du premier titulaire, de telle sorte que tous les descendants mâles les portaient simultanément, ainsi que les femmes, tant qu'elles n'étaient pas mariées, comme cela se pratique actuellement en Allemagne, mais en aucun cas les femmes ne pouvaient les transmettre à leurs descendants.

Les documents authentiques, empruntés aux Archives de l'Empire et à la Bibliothèque impériale, qui servent de base à cette publication, n'offrent pas toujours une concordance par- faite dans l'orthographe des noms de famille ou de seigneu- rie (1). Nous avons cru cependant qu'il valait mieux, dans l'intérêt des familles, laisser à chacun de ces documents sa véri- table physionomie, en nous bornant à indiquer entre parenthèse l'orthographe qui nous était signalée comme plus généralement adoptée, ou qui résultait d'un nouveau document mis sous nos yeux.

Paris, 30 avril 1863.

(1) Ainsi, le procès-verbal manuscrit de Bresse, déposé aux Archives de l'Empire. donne aux Du Breul de Sacconney le nom de *Du Breuil* et *Dubreuil*. (V. notre *Cata- logue*, p. 16.) Le procès-verbal imprimé, et dont la minute est déposée au greffe du tribunal civil de Bourg, porte *Du Breuil*, et donne à chacun des deux comparants la qualité de *comte Du Breuil*. Un jugement du tribunal civil de Lons-le-Saulnier, du 18 mai 1839, restitue à cette famille le nom de *Du Breul*, ainsi qu'il est écrit au chapitre noble de Neuville en Bresse. (V. notre *Catalogue*, p. 48.) Nous accueillerons avec re- connaissance toutes les rectifications qui nous seront signalées avec pièces à l'appui. Ces additions formeront un *supplément* à la collection des documents, pour la plupart inédits ou devenus rares, que nous offrons aux intéressés.

CATALOGUE

DES

GENTILSHOMMES DE LORRAINE

ET DU DUCHÉ DE BAR.

BAILLIAGE DE BAR-LE-DUC.

Procès-verbal de l'Assemblée générale des trois ordres (1).

20 mars 1789.

(*Archiv. imp.*, B. III, 21. p. 259-293.)

NOBLESSE.

— Charles-Juste, prince de Beauveau et du Saint-Empire, grand d'Espagne de première classe, chevalier des ordres du roi, maréchal de France, gouverneur de Provence, ancien capitaine des gardes de Sa Majesté, grand bailli de Bar.

— Charles-Mathias, comte d'Alençon, Sgr de Neuville-sur-Orne.
— Le comte Charles d'Alençon de Neuville, capitaine d'infanterie.
— Mathias, comte d'Alençon, Sgr de Braux et de Naives en Blois.

(1) Nous croyons devoir faire observer qu'un certain nombre de familles nobles ont pu ne pas figurer dans les assemblées de Lorraine et du duché de Bar, pour cause d'absence, de maladie ou d'abstention.

Jean–Nicolas d'Ambly.

Hyacinthe-Claude André, receveur des finances.

Joseph André de Lory, capitaine de dragons.

Charles d'Apremont (Oriot), Sgr de Tillombois et Courouvre.

Antoine-Henry Aubry, Sgr en partie du fief d'Osches, maître des comptes du Barrois.

Henry Aubry, garde du corps du roi.

Dame Henriette-Simone Bachois, douairière de M. Briot de Mont-Remy.

Charles-Louis de Bauvière, chevalier de Saint-Louis.

M. de Battel.

Jean-François-Louis Baudon, baron d'Issoncourt, capitaine au régt des cuirassiers.

Nicolas-Joseph de Beauval.

Nicolas Bellejoyeuse de Clédier, chevalier de Saint-Louis, ancien capitaine de cavalerie.

— Jean Bertrand du Plateau, Sgr en partie d'Erize Saint-Dizier.

— Louis Bertrand du Plateau, ancien officier au régt d'Aunis.

Joseph-Anne de Beurges, Sgr en partie de Braux, Sgr aussi de Naives en Blois.

Pierre-Louis de Beurges, Sgr en partie de Ville-sur-Saulx.

Dlle Marguerite de Beurges, dame en partie du fief de Vidampierre.

Dlle Jeanne-Hyacinthe de Beurges, dame en partie de Ville-sur-Saulx.

Louis-Philippe de Beurges, Sgr de Renesson et Tremont.

Pierre Beuvis de Myon, Sgr de Savonnières devant Bar, chevalier de Saint-Louis.

Louis–Alexandre de Biaudot de Castageat, ancien capitaine au régt Dauphin, cavalerie, lieutenant de roi des ville et château de Saint-Diez, à cause de son fief situé à Béchamp.

Gaspard de Billaut, Sgr de Seigneules.

Dame Marguerite Billaud de l'Eschicaut, douairière de M. Jacques-François Deniel (de Niel), chevalier de Saint-Louis, ancien lieutenant-colonel des grenadiers de France, dame de Betrain.

Florent-Louis de Bombelles, chevalier de Saint-Louis, lieut.-colonel d'infanterie.

Nicolas-François des Bordes de Massary (1).

Joseph-Charles-Antoine Boucher de Gironcourt, officier aux grenadiers royaux.

Pierre-Nicolas-Melchior Boucher de Gironcourt, chev. de Saint-Louis, ancien capitaine au régt de Lorraine-infanterie.

Charles Boucher de Morlaincourt de Rolecourt, Sgr en partie de Morlaincourt, capitaine au corps royal du génie.

Hyacinthe Boucher de Morlaincourt, Sgr en partie de Morlaincourt, Grosterme et Longchamp, capit. du génie, chevalier de Saint-Lazare.

Jean-François Boucher de Morlaincourt, Sgr en partie de Naix, avocat général en la chambre des comptes de Bar.

(1) Admis en qualité d'écuyer à la charge, sur les réquisitions du procureur du roi, que le Sieur des Bordes justifiera de cette qualité dans la quinzaine. (*Note du mss. des Archives de l'empire*, p. 286.)

Jeanne-Françoise Boucher de Morlaincourt, douairière de M. Magot, procureur du roi au bailliage de Bar, dame en partie d'Andernay.

Nicolas de Boulard.

Pierre-Augustin Bourgeois.

Pierre-François Bourgeois.

Charles-Henry-Ignace de Bousmard, pour son fief de Chantraine.

Joseph, baron de Bouvet, chev. de Saint-Jean de Jérusalem, Sgr de Vavincourt et Brillon.

Mlle Françoise-Amélie-Adélaïde, baronne de Bouvet, dame de Vassincourt.

Le baron de Bouvet, père.

Bernard-Alexandre Brigeat de Lambert, Sgr en partie d'Erize-la-Grande, capitaine commandant au régt de Brie.

Jean-François-Nicolas-Alexandre Brigeot de Lambert de Morlaincourt, Sgr de Morlaincourt, Braux, Masson, capitaine au régt royal de la marine.

Jean-Baptiste Bregeot de Trezier, chevalier de Saint-Louis, capitaine au régt de Savoie-Carignan.

Jean-Baptiste-Charles Brigeot de Lambert de Résicourt, Sgr d'Ocy et Résicourt, capitaine au régt de Colonel général cavalerie;

Brigeot de Morlaincourt, son frère.

Vincent-Marc Brigeot de Lambert, Sgr en partie d'Erize-la-Grande.

Claude-François Brigeot de Lambert.

Dlle Louise Briot de Mont-Rémy, dame en partie du même fief.

Dlle Henriette Briot de Mont-Rémy.

Antoine Bryot de Mont-Rémy, Sgr en partie du fief de Courcelles-sur-Aire.

Jean-Georges Brouet, chevalier de Saint-Louis.

Antoine-Augustin de Broussel, chevalier de Saint-Louis, capitaine de cavalerie, Sgr des dîmes inféodées de Boviolle.

Charles-Hyacinthe de Brunet, Sgr de Delouze et du fief d'Abainville, officier au régt Royal-Pologne, cavalerie;

Dlle Marie-Gabrielle de Brunet, sa sœur, dame du même fief.

Dlle Françoise de Brunet de l'Epine, dame du fief de Saulx.

Pierre-Charles Bugnot de Farémont, chevalier de Saint-Louis.

Joseph-Etienne-Gabriel Cachedenier de Vassimon, Sgr de Chenois et du fief de Besammont en Barrois, chevalier de Saint-Louis, lieutenant-colonel d'infanterie.

Adrien-Gabriel de Champagne, comte de Bonzé, Sgr de Remenecourt.

Charles-François-Nicolas Chanot de Buttel, Sgr en partie des dîmes inféodées à Contrisson.

Louis-Marie-Florent, duc du Chatelet d'Haraucourt, chevalier des ordres du roi, lieutenant général de ses armées, colonel du régt des gardes françaises, Sgr du comté de Ligny et de la chatellenie de Pierrefitte.

Claude de Cheppe, avocat général de la Chambre des comptes de Bar, Sgr en partie de Nicey.

Charles de Cheppe, Sgr en partie du même fief.

Dlle Marie de Cheppe de Morville, dame en partie du même fief.

Jacques de Choiseul, marquis de Stainville, chevalier des ordres du roi, maréchal de France, gouverneur d'Alsace, grand-bailli d'Hagueneau

Charles-Gabriel de Choisy, marquis de Mognéville, Sgr de Contrisson, capitaine au régt Royal-Roussillon.

Charles-Gabriel de Choisy, capitaine au régt de la reine, cavalerie, à cause de la part qu'il a au marquisat de Mognéville.

D^{lles} Anne-Charlotte-Henriette de Choisy, et Anne-Françoise-Charlotte de Choisy, pour les portions du marquisat de Mogneville qu'elles tiennent en arrière-fief du marquis de Choisy leur frère.

Antoine de Cholet, Sgr du fief de Longeaux, capitaine de cavalerie.

Antoine de Cholet, Sgr de Mauvage, lieutenant-colonel d'infanterie.

De Chôllet de Longeaux, capitaine cavalerie.

Gabriel-François-Xavier Claudot, Sgr de Robert-Espagne et Pont-sur-Saulx.

Jean-Baptiste-Nicolas-Henri Claudot.

Jean-Antoine Colin de Contrisson, Sgr en partie de Contrisson.

François-Pierre, baron de Collignet, Sgr en partie de Rosne et Long-champs, officier dans les chasseurs à cheval du régt des trois évêchés.

D^{lle} Marie-Anne-Marguerite de Collignet, dame en partie de Rosne.

Pierre-François, baron de Collignet, Sgr en partie de Rosne, de Long-champs, officier au régt d'Aunis.

Jacques-Joseph, baron de Collignet, Sgr de Rosne.

Charles-Louis de Collot, Sgr de Saulx, chevalier de Saint-Louis.

Louis-François-Xavier de Commeau, garde du corps du roi.

Louis-Nicolas de Condé.

Léopold-Alexandre de Convenance.

Charles-Florentin de Courcelles.

D^{lle} Agathe Courtois de Morancourt, dame en partie de Naives-en-Blois.

Dame Claudette-Charlotte Courtois de Morancourt, dame en partie de Naives-en-Blois.

D^{lle} Barbe Courtois de Morancourt, dame en partie du même fief.

D^{lle} Jeanne-Françoise Courtois de Morancourt, dame en partie du même fief.

Jean-François Darbon, Sgr de fief à Dugny.

Nicolas Desmarets de Palis, Sgr de Chardogne, maréchal des camps et armées du roi.

Nicolas Desmarets de Palis, chef d'escadron au régt d'Angoulême, dragons.

Nicolas-Pierre-François Desmarets de Palis, capitaine au régt d'Angoulême-dragons.

Germain Dumesnil, ancien conseiller au bailliage de Bar.

Alexis-Charles Dutertre, baron de Trouville, conseiller au parlement de Metz;

Alexis-Charles Dutertre, son frère, aussi baron de Trouville.

Nicolas-Louis Dutertre, baron de Trouville, chef d'escadron des hussards de Lauzun.

Antoine-Louis Dutertre, Sgr en partie de Salmagne, ancien président au parlement de Metz.

Jean-Louis de Fisson.

Christophe-Nicolas de Fleury.

Dame Anne de Gainot, douairière de M. Jacques-François Lallemand, capitaine au régt de Navarre, dame du fief de Dammarie.

D^{lle} Jeanne de Gaynot, dame du fief des Chenets.

Hypolite de Gaulene, Sgr du fief d'Oëy.

Louis-Joseph-François de Gelmoncourt, Sgr de Darnieules.

Charles-Louis-Antoine de Gérard.

Charles-Léopold-Xavier, comte de Gondrecourt et de Cousance, chevalier de Saint-Louis.

Dame Marguerite Grand-Febvre, douairière de M. François-Louis d'Artier, bailli d'épée du bailliage de Verdun, dame en partie du même fief.

François Halda de Saint–Blaise, chevalier de Saint-Louis.

François-Pierre Heyblot, chevalier de Saint-Louis.

Hyacinthe-Pierre Heyblot.

Pierre Heyblot, Sgr en partie de Vavincourt et Sarney.

Joseph de Jobard, fils, Sgr de Guerpont.

Joseph de Jobard, père.

Joseph de Jobard, Sgr du fief à Longeville.

Jean-Baptiste de Joffrigny, Sgr en partie du fief de Mondrecourt.

Charles-Pierre-Ernest, baron de Koëler de Blancberg.

Jean-Charles-Ferdinand, baron de Koëler, fils.

Albert-Henri de la Croix, Sgr en partie de Mohairon.

Antoine de la Faloise, Sgr de la Tour et du ban de Chaumont.

Jacques-François de la Gorge, officier de chasseurs à cheval.

Claude-Nicolas de la Lance de Frémerville, Sgr de Saint-André.

Jean-François de la Lance, Sgr du fief d'Ancemont.

Lallemand, capitaine au régt de Navarre.

Jacques-François Lallemand, Sgr du fief de Dammarie, capitaine au régt de Navarre.

Jacques-Charles-François Lallemant, Sgr du fief de Mont, capitaine de cavalerie.

Jacques-François Lallemand, Sgr de Mont, capitaine de cavalerie.

Nicolas-Charles-François Lallemant, chevalier de Saint-Louis, ancien capitaine aux Gardes Lorraines.

Jean-Augustin Lambert de Balhière, Sgr de Léopoldvat.

D^{lle} Anne-Claire de la Morre, dame en partie des dîmes inféodées de Marat.

Hyacinthe-Etienne de la Morre, chevalier de Saint-Louis, ancien capitaine d'infanterie.

Jean-Baptiste-Antoine de la Morre de Villanbois, maître des comptes de Bar.

Antoine-Alexandre de la Morre d'Errouville, propriétaire de dîmes inféodées à Chardogne, et Sgr de fief à Tannoy, président de la Chambre des comptes du Barrois.

Nicolas-François de La Tour, baron de Levoncourt et de la Vallée, ancien capitaine d'infanterie.

François-Hubert-Simon de la Treiche, Sgr de Longueyille.

Jacques-Dominique-Laurent Le Bourgeois du Chenay, Sgr de fief à Dugny.

Jean-François Lefebvre.

Antoine-Melchior Le Paige, chevalier de Saint-Louis.

D^{lle} Anne Lepaige, dame de fief à Dagonville et Lignières.

Dame Jeanne Lepaige, douairière de M. Pierre de Longeaux, dame du fief de la Lineuse.

Jean-François de Lépée, Sgr de Froville et du fief de Gramonet, capitaine de cavalerie.

Antoine de Lescale, Sgr en partie de Vittotte devant Loupy et du fief de la Cour, ancien capitaine au régt de Normandie.

Charles-Hubert de Lescale, chevalier de Saint-Louis, capitaine commandant les chasseurs de Navarre.

Hyacinthe de Lescale, ancien capitaine au régt des Gardes Lorraines, chevalier de Saint-Louis, Sgr des dîmes inféodées de Marat.

René-Henry de Lescale, capitaine commandant au régt de Navarre.

D^{lle} Claude de Lescale, dame en partie de Vittotte et du fief d'Orrival.

Dame Françoise-Catherine de Lescale, douairière de M. Joseph de Gainot, dame de Vittotte et du fief de Raucourt.

Pierre-Louis de Lescale, Sgr en partie de Vittotte devant Loupy et du fief de Voisval, capitaine au régt de Navarre;

Charles-Hubert de Lescale, son frère, chevalier de Saint-Louis, capitaine commandant les chasseurs au régt de Navarre.

Jules-Martin-Bonaventure Le Seigneur, chevalier de Saint-Louis, major en premier au régt d'État-major.

Pierre Le Semellier, Sgr du fief d'Oëy, capitaine au corps royal d'artillerie.

Jean-Pierre Le Semellier, Sgr du fief du Jard.

D^{lle} Madeleine Le Semellier, dame du fief de Bauval.

Le Semellier, capitaine au corps royal du génie.

François Letirent de Villers, Sgr du fief de Combles, chevalier de Saint-Louis.

Charles-Daniel Le Vasseur, Sgr en partie des dîmes inféodées de Contrisson, ancien mousquetaire de la garde du roi.

Léopold de Lille, capitaine de cavalerie.

René-Joseph de Lisle, Sgr en partie du fief d'Osche.

Jean-François-Henri de Lombard, Sgr en partie du fief de Lintrey, chevalier de Saint-Lazare.

Antoine de Lombard.

Daniel de Longeaux, chevalier de Saint-Louis, lieutenant des maréchaux de France.

Charles-Sébastien de Longeaux, chevalier de Saint-Louis, ancien capitaine d'infanterie, lieutenant des maréchaux de France.

Daniel-Charles de Longeaux, Sgr du fief de Comble, maître des comptes de Bar.

Sébastien Longeaux de Préville, Sgr des dîmes inféodées à Audernay et Contrisson.

Dame Barbe de Longeaux, douairière de M. le baron de Collignet, dame en partie de Rosne et Longchamps.

De Longeaux de Préville, fils de Pierre.

Dieudonné de Longeville, ancien capitaine d'infanterie.

Jean-Baptiste-Louis de Longeville, Sgr en partie d'Erize Saint-Dizier.

Pierre-Henry Magot, receveur des finances.

Dame Marie-Anne Magot, douairière de M. Joseph de Nettancourt, dame en partie de Fains.

Antoine de Maillet, Sgr en partie d'Andernay, des dîmes inféodées dudit lieu et de Contrisson, maître des comptes de Bar.

Benoît-Jacques-Christophe de Maillet, Sgr en partie de Dugny et du
ban de Chaumont, chevalier de Saint-Louis, lieutenant-colonel d'infanterie.

Gabriel-François, baron de Malvoisin, brigadier des armées du roi.

Théodore de Marieu, chevalier de Saint-Louis, ancien capitaine d'infanterie.

Philippe Marion.

Joseph-Nicolas-Barisien de Marne, chevalier de Saint-Louis, ancien capitaine d'infanterie.

Daniel-Antoine-Bernard de Marne, Sgr en partie du ban de Chaumont,
capitaine d'infanterie, chevalier de Saint-Louis.

Charles-François de Marne de Boncourt, maître des comptes.

Jérome-Jean Michoux de Massigny, Sgr en partie d'Erize-la-Brulée.

Dame Françoise de Mépas de Saint-Amand, à cause de la Sgrie de Saint-
Amand.

Nicolas-François de Montauban, Sgr du fief de l'Oxeville, Duhan et de
Sompsen.

De Morlaincourt, avocat général.

De Morlaincourt, capitaine au corps royal du génie, frère du précédent.

Pierre Mousin, baron de Romécourt, Sgr engagiste de Tannoy, procureur général de la Chambre des comptes du Barrois.

Gabriel-François, baron de Mousin, Sgr de Beaumont, Mandres aux
quatre tours, Ensauville et Grosrouvre, chevalier de Saint-Louis,
mestre de camp de cavalerie, premier lieutenant des gardes du corps
de monseigneur le comte d'Artois, grand-bailli de Commercy.

Georges-François de Mouzin, Sgr de Villers-sous-Preux.

Paul-Hubert de Mouzin de Villers, chevalier de Saint-Louis, major d'infanterie.

Alexandre de Mouzin, baron de Romécourt aîné, Sgr en partie du fief
de Tannoy.

Claude-François-Xavier de Mussey, chevalier de Saint-Louis, major
d'infanterie.

Joseph-Claude-Charles, abbé de Nettancourt, Vaubecourt, Sgr de Fains.

François-Dominique de Nettancourt, Sgr en partie de Fains.

Charles de Nettancourt d'Haussonville, comte de Vaubecourt, commandeur de l'ordre de Saint-Louis, lieut.-général des armées du roi.

Jean-Baptiste-Claude-Achille de Nettancourt, grand-bailli d'épée au
bailliage d'Étain, capitaine au régt des chasseurs de Franche-Comté.

Marie-Antoinette-Victoire de Niel, dame en partie de Betrain.

Charles-Antoine de Noirel, maître particulier des eaux et forêts.

Charles-Baptiste de Noirel, officier au régt de Provence.

Charles-Jean-Baptiste de Noirel, Sgr de Housseville.

Charles-Georges, comte d'Offelise, Sgr de Valfroicourt, et en partie de
Fains, maréchal des camps et armées du roi, commandeur de l'ordre
royal et militaire de Saint-Louis.

Charles-Louis Perrin de la Bessière, Sgr du fief d'Ancemont.

Jean-Charles-Louis Perrin de la Bessière, Sgr de Saint-Pierre-Mont,
maire royal de Bar.

Claude-Nicolas Person de Granchamp, chevalier de Saint-Louis.

Nicolas-René Peschard d'Ambly, baron de Levoncourt et de la Vallée, chevalier de Saint-Louis; ancien capitaine au corps des grenadiers de France.

François-Louis-Antoine de Peschard de Gironcourt, Sgr de Maizey.

Antoine-Alexandre Peschard d'Ambly, Sgr en partie de Vassincourt.

Charles-Hyacinthe Piad, Sgr de Braux et Naives-en-Blois.

Dame Marie-Magdeleine Pierre, douairière de M. Vayeur, conseiller d'État et lieutenant général de Bar, dame de Naix.

Hyacinthe-Henri de Poirot, Sgr de Vuremont.

Nicolas-Didier de Poirson, l'aîné, chevalier de Saint-Louis.

Alexis-Charles de Poirson, chevalier de Saint-Louis, ancien capitaine au régt de Guienne.

Antoine de Pouparet.

Le baron de Rómécourt, procureur général de la Chambre des comptes de Bar.

Dlle Jeanne-Thérèse de Romécourt, dame en partie du fief de Tannois.

Nicolas-Alphonse-Félicité Rouault, comte de Rouault, marquis de Gamaches, comte de Sampigny, baron de Dagonville, lieutenant général des armées du roi, gouverneur de Saint-Valery, pour son comté de Sampigny et sa baronnie de Dagonville.

Bernard-François Rougeot de Briel, officier au régt provincial du Barrois.

Charles Rougeot de Briel, capitaine de cavalerie, ancien garde du roi, pensionnaire de Sa Majesté.

François-Louis Rougeot de Briel, procureur du roi en la maîtrise des eaux et forêts.

François-Louis Rougeot de Briel, procureur du roi honoraire des eaux et forêts.

Charles-Antoine de Rouot.

Honoré-Auguste Sabatier de Cabre, baron de Levoncourt.

Henry-Charles de Saillet, Sgr en partie de Chaumont, chevalier de Saint-Louis, capitaine au régt de Médoc.

Louis de Saillet, Sgr en partie d'Erize.

De Saillet, fils.

Antoine-Charles de Saint-Vincent, Sgr de Mervaux et en partie du fief d'Heippe

Le vicomte de Spada, pour son fief de Chauvoncourt.

Louis-Nicolas de Thiballier, Sgr du fief de la Motte, chevalier de Saint-Louis.

François-Eustache Thiery de Saint-Baussant, Sgr en partie de Nicey et Monsec, capitaine d'infanterie.

Nicolas de Thionville, Sgr en partie du fief d'Erize Saint-Dizier.

De Thionville, fils.

Dame Anne-Françoise de Thionville, douairière de M. Charles-Antoine Aimé, dame aussi en partie du même fief.

Joseph-Dominique-Charles de Thionville, Sgr d'Erize Saint-Dizier, Rollecourt, Broussey, et en partie de Lonchamp.

Pierre-Henry Thiébaut Thouvenot de Fleury.

Jacques-Charles de Thouvenot de Fleury.

Dame Anne-Françoise de Toustain de Rembure, douairière de M. Louis
Léonard de Rapsécourt, dame en partie de la Salmagne.

Louis-Luc de Trados de la Roque, chevalier de Saint-Louis, ancien
major de dragons.

François-Louis Vallet, Sgr de Villié-le-Sec, Chandenay et des dîmes
inféodées de Contrisson.

Léopold-François de Vandières, Sgr en partie de Noyer et de Gaumont,
capitaine d'infanterie, chevalier de Saint-Louis.

Gabriel de Vandières, maître des comptes de Bar, Sgr en partie de
Noyer, Auzecourt et Gaumont.

Jean-Baptiste-François de Vendières, Sgr d'Auzecourt, maître des
comptes de Bar.

Jean-Baptiste de Vendières d'Auzécourt, maître des comptes de Bar.

D^{lle} Marie-Magdeleine de Vendières, dame en partie des fiefs d'Auzecourt, Noyer et Gaumont.

D^{lle} Elisabeth de Vandières, dame en partie des mêmes fiefs.

D^{lle} Marie-Agnès de Vandières, dame en partie des mêmes fiefs ;

Léopold-François de Vendières de Gaumont, son frère.

Hubert de Vendières, chanoine, Sgr en partie des mêmes fiefs.

Louis-Thomas de Varanges, Sgr du fief de Montigny, chevalier de
Saint-Louis, ancien capitaine au régt de Normandie.

Étienne de Vassart, Sgr d'Andernay, maître des comptes du Barrois.

Louis-Pierre de Vassart de Pimodan.

Claude Vauthier de Ville, ancien chevau-léger de la garde.

Charles-François Vauthier.   e

Louis-Gabriel-Augustin Vayeur, Sgr en partie de Naix.

D^{lle} Marie-Joséphine Vayeur, dame en partie du même lieu.

Jean-Baptiste Viart, Sgr du fief de l'Aigle, situé à Rupt-aux-Nonains.

Charles-François de Vyart, ancien officier aux Gardes Lorraines.

François de Vyart, Sgr en partie de Vavincourt et du fief de Vidampierre.

Charles-Antoine de Vyart de la Cour, maître des comptes de Bar.

Le comte de Vidampierre.

Louis-Joseph, comte de Vignacourt, Sgr en partie de Fains.

François-Louis-Bertrand de Vilcot, Sgr du fief de Beauconnois, chevalier de Saint-Louis, ancien capitaine au régt Dauphin-infanterie.

« Sans que l'omission des titres, qualités, est-il dit à la fin du pro-
» cès-verbal, et l'ordre observé ci-dessus puissent nuire ni préjudicier à
» aucun de Messieurs de la Noblesse, dont les droits demeurent entière-
» ment réservés. » P. 292.

BAILLIAGE D'ÉTAIN.

Procès-verbal de l'Assemblée générale des trois ordres.

23 mars 1789.

(*Archiv. imp.*, B. III. 22. p. 59-76.)

NOBLESSE.

Jean-Baptiste-Claude-Achille, marquis de Nettancourt, Vaudelainville et autres lieux, capitaine commandant au régt des chasseurs de la Franche-Comté, grand-bailli d'épée du bailliage royal d'Étain.

Jean-Mathieu du Ballay, Sgr du ban de Bury et Bouzonville, demeurant à Saint-Jean.

Alexandre-François de Ballivy, Sgr de Fiquemont, y demeurant.

Jean-Baptiste-Richard de Batilly, Sgr du fief du Chenois, demeurant à Brabant.

De Batilly, tuteur des Dlles Vatrin, d'Étain.

De Beaumont.

De Bolmont.

De Bourcier de Villers.

Le Sieur de Bourdelois.

De Bourmont.

Charles-Henri-Ignace de Bousmard, chevalier, Sgr de Jondreville, conseiller du roi en tous ses conseils, président à mortier honoraire au parlement de Metz.

François-Ignace de Bousmard, chevalier, lieutenant des maréchaux de France, Sgr en partie de Jondreville.

Henri-Jean-Baptiste de Bousmard, Sgr en partie de Jondreville.

Jacques de Bousmard (Bermond) de Caylar d'Espondeilhan, chevalier, chef de brigade au corps royal, Sgr de Moranville.

Gabriel, comte de Briey, baron de Landre, Sgr de Fleuille, Lixières et autres lieux.

Casoir.

Mme de Chabot.

Dame Marie-Charlotte-Armande-Etiennette de Chatenay, veuve de M. Charles-François-Antoine de Barbarat de Mazirot, comte de Muret et autres lieux, Sgr de Neuveron, conseiller du roi en ses conseils, maître des requêtes, intendant de la généralité de Moulins.

Madame Charlotte-Ferdinande de Chovelain (Chauvelin), veuve de Messire-Marie-Louis-Charles de Vassinhac, vicomte d'Imecourt, comte de Loupy et Brandeuille, Allamont, Dompierre et autres lieux, au nom et comme tutrice de ses enfants.

Chonnet.

François-Léonard de Clouet, major de cavalerie, servant en qualité de maréchal des logis dans la 1re compagnie des gardes du roi, chevalier de Saint-Louis.

Philippe-Théodore-Alexandre-Joseph, comte de Condenhove, Sgr de Cunel, Moranville, etc.

Philippe-François, baron de Condenhove, Sgr de Vandoncourt et en partie de la Folie, chev. de Saint-Louis.

Joseph-Nicolas-Edmond, comte de Custine d'Offlance, chevalier, Sgr de Mandre.

Jean-Baptiste Drouin, *aliàs* Derouin, chevalier, Sgr en partie de Saint-Maurice, résident à Dieppe (*aliàs* de Rouyn).

Alexis Derouin, Sgr de Saint-Maurice, y demeurant.

Nicolas Desanchevin, Sgr de Saint-Maurice, y demeurant.

La dame Desanchevin.

Charles-Henri de Faillonnet, chevalier, Sgr de Dormey-la-Canne.

Le baron de Failly, demeurant à Etain, élu secrétaire de la noblesse d'Étain.

Thomas-Frédéric de Ficher, ancien major de cavalerie, chevalier de Saint-Louis, Sgr de Boncourt, etc.

Les enfants du Sieur de Fligny.

Garaude.

De Gourcy, chanoine.

De Gourcy, officier au service de l'Empire.

Adolphe, comte de Gourcy, capitaine de dragons, Sgr d'Affleuille et autres lieux.

Charles-Henry-Innocent, comte de Gourcy, Sgr en partie d'Affleuille, officier au régt Royal-Pologne.

Les Sieurs de Graiches.

Jacques de Grandvois, écuyer, garde du corps du roi, Sgr de Jarny à Olley.

Mme du Hautoy, de Metz.

Henri d'Herbemont, Sgr de Charmois, Hennemont en partie et des Sarts.

Jean-Jacques d'Hesbert.

Jean-Jacques-Alexandre d'Hesbert, chevalier de Saint-Louis, ancien capitaine commandant les grenadiers du régt d'Agenois, Sgr en partie de Malaville et autres lieux.

François-Nicolas, baron d'Inzelin, Sgr de Brainville.

De Joviac.

De la Lance.

Isaac-Thierry de Languienberg, ancien colonel.

Dame Jeanne-Angélique, comtesse de la Rue, chanoinesse de Remiremont, possédant fief à Moulainville.

Hubert de la Saulx, ancien brigadier des gardes du corps du roi, compagnie de Villeroy, chevalier de Saint-Louis.

Les dames de la Tour, chanoinesses.

Jacques-Jean-François de Maigret, chef de brigade au corps royal d'artillerie.

François Marchand, secrétaire du roi, Sgr en partie de Bury en Olley, demeurant en cette ville.

François Marchand, écuyer, secrétaire du point d'honneur.

Nicolas Marchand de Champé, écuyer, huissier ordinaire de la Chambre du roi.

Florimond, comte de Mercy d'Argenteau, Creignée, chevalier de la Toison d'or, grand-croix de l'ordre royal de Saint-Étienne, conseiller intime actuel de S. M. I. R. et A., et son ambassadeur près S. M. très chrétienne, Sgr Daviller, Aucourt et autres lieux.

Le Sieur de Montagnac.

Nicolas Petit, Sgr en partie de Moranville.

Joseph, marquis de Raigecourt-Gournay, Sgr de Friaville, du marquisat de Spincourt, etc.

La dame de Raigecourt Grosyeux.

Nicolas-Balthazar-François-de-Paule, comte de Revel, Sgr de Bouvigny, officier au régt Dauphin-dragons.

François-Nicolas Richard de Rouvre, y demeurant.

Dame Marie-Apolline, née comtesse de Saintignon, douairière de messire Jean-Antoine, comte de Saintignon, chevalier de la création de l'ordre de Marie-Thérèse, conseiller intime d'État, lieutenant général des armées de Leurs Majestés Impériales, dame de Puxe, Jandelise et Brainville.

De Saintignon, fils.

De Solency.

Claude-Antoine Vatrin, écuyer, officier au régt d'Agenois, Sgr d'Hauderemont.

De Vaubecourt.

De Venois.

Jacques-Antoine-Jean de Vert, écuyer, Sgr du fief de Béchamp.

Victor-Constantin Vergnette Dalben, chevalier, Sgr de Bezonnaux et autres lieux, major au régt de la Colonelle générale.

De Vezin.

BAILLIAGE DE LA MARCHE.

Procès-verbal de l'Assemblée de l'ordre de la noblesse.

16 mars 1789.

(*Archiv. imp.*, B. III, 22, p. 450-459.)

François-Etienne Le Duchat de Rurange, marquis de Blainville, Damelièvre, Xermameuil, Mont-Haye, Luc, Iche, Ainvelle, etc., bailli d'épée au bailliage royal du Bassigny-Barrois, séant à la Marche.

Marie-Catherine-Rosalie de Bauchamp, douairière de Jean-François-André, comte de Brunet-Neuilly, comtesse dudit lieu, baronne de Vrécourt.

Jean-Joseph Bertin de Fligny.

Louis-Joseph de Bigot.

De Bourgogne.

Pierre-Nicolas de Bourgogne.

Louis de Bréhon.

Louis Bresson, demeurant à la Marche.

Dame Antoinette de Capisuchi-Bologne, marquise de Foudras, baronne de Deuilly, Serecourt, Tignecourt, Saint-Julien et Provenchère.

Charles-Hubert, marquis de Clermont-Crèvecœur, baron de Lesquevin, chevalier de Saint-Louis.

André-Remy de Cournon, Sgr du fief et moulin de la Saulx d'Abbainville.

Claude Desjardins de Girauvillier, Sgr de Girauvillier et en partie d'Abbainville.

François-Louis, comte Dessales, Sgr de Vouthon Haut et Bas.

Antoine Duhoux, Sgr en partie de Frain.

Charles-Joseph de Finance d'Arsilmont, Sgr de Marcy et de Tignecourt.

Léopold de Finance, Sgr en partie de Lichecourt.

De Fleury, Sgr en partie de Lichecourt.

Nicolas-Antoine de Folley de Corre, chevalier de Saint-Louis.

François, marquis de Fussey, baron de Melay.

Nicolas-François-Alexandre de Haldat Dulys.

Pierre-François-Alexandre de Haldat Dulys.

Jean-Baptiste Hurault de Damville.

Claude Le Paige de Noiseville, Sgr de Maxey-sur-Vaise.

Louis-Joseph Le Picard d'Ascourt, Sgr en partie de Blondefontaine.

Georges Le Roy, baron d'Aizy.

Georges Le Roy de Sérocourt, chanoine de l'Eglise cathédrale de Luçon, grand-vicaire dudit diocèse, prévôt de Parthenay, Sgr en partie de la baronie de Sérocourt.

Hubert Le Roy de la Grange.

Jean-François Le Roy, baron de Sérocourt.

Philippe Le Roy, baron de Sérocourt, colonel du second régt des carabiniers.

Le baron de Levoncourt.

Anne-Henriette-Charlotte-Almodie, marquise de Livron, comtesse de Saint-Blaise, baronne de Demange aux Eaux.

Claude-Henri-Hercule-Joseph de Lur, marquis de Saluces, Sgr de la chatellenie de Gondrecourt.

Charles Marchant de Milly.

Jean-Baptiste-Alexandre de Lavaulx, Sgr de Martin de Lézeville en partie.

Marie-Nicole, née comtesse d'Offelise, douairière de M. Jean-Baptiste Marc, comte de Toustain, dame baronne de Thons.

Nicolas-Gabriel Pechard de Tournizet, baron de Levecourt.

Jean-Baptiste de Riboulet.

De Rouyer.

François-Joseph de Rouyer, Sgr du fief du Vilier à Brunet Neuilly.

Nicolas-Gabriel de Rouyer.

Jean-Edme, comte de Rutant, Sgr d'Issond, etc.

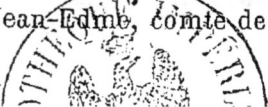

2

to Magdeleine de Semilly, douairière de M. Pierre-Joseph de la Gorge, dame en partie du fief d'Abbainville.

Le baron de Sérocourt d'Aizy (Le Roy).

Georges-François, chevalier de Sérocourt, capitaine au régt d'Austrasie.

Gaspard, comte de Sommièvre, lieutenant général des armées du roi, Sgr d'Amanty.

Claude Bernard de Sullaux de Malroy, Sgr de Saulxures-les-Beaucharmois, Malroy, etc., *aliàs* de Suleau.

Nicolas-Henri de Thabouret, conseiller d'Etat.

Anne de Thannois, dame en partie de Beaucharmois.

François-Alexandre-Henry de Tillancourt, Sgr de Rozières en Blois, Tillancourt et Rocourt.

Jean-Baptiste-René-Adrien, baron de Tricornot, Sgr de Vougécourt.

Jean-Baptiste, vicomte de Tuméry, Sgr de Romain-sur-Meuse.

De Vernerey de Moncourt, Sgr de Cendrecourt.

Jean-Louis de Vernerey, capitaine de cavalerie au régt de Royal-Guyenne, Sgr en partie de Blondefontaine.

Louis-Joseph de Vernerey, Sgr de Cendrecourt et de Blondefontaine.

Jean-Baptiste-Ferdinand de Widrange, Sgr en partie de Blondefontaine.

BAILLIAGE DE LONGUYON.

Procès-verbal de l'Assemblée générale des trois ordres.

16 mars 1789.

(*Archiv. imp.*, B. III, 22. p. 569-586.)

NOBLESSE.

Albert-Camille-Joseph-Auguste, marquis du Blaisel, comme exerçant les droits de dame Anne-Elisabeth, baronne de Ternace, son épouse, dame du fief de Montigny.

Antoine-Joseph-Louis-Auguste du Blaisel, maréchal de camp, bailli d'épée du bailliage de Villers-la-Montagne, Sgr du fief de la Caure et Descouverts (comte du Saint-Empire).

François-Charles-Robert de Bolmont, écuyer, Sgr de Bellefontaine.

Béatrix, baronne de Bombelles, douairière de M. Gabriel de la Morre, dame en partie d'Ugny.

Charles Chenel de Bollemont, écuyer, capitaine d'artillerie au régt de Metz.

François-Robert Chenel de Bollemont, écuyer, Sgr de Bellefontaine.

? Mme Béatrix de Collette, douairière de M. François Dumont, écuyer, en qualité de dame du fief d'Ottre.

La baronne douairière de Cornay.

Le comte de Custine d'Auflance, Sgr du ban de Cosne.

Jean-François Derval, écuyer, Sgr de Fermont Montigny et autres lieux.

Philippe Derval, Sgr de Montigny, La Fontaine, Saint-Martin et autres lieux.

Dame Marie-Jeanne Duchemin, douairière de M. Adrien de Courtin, en qualité de dame de Villette.

Dulisse, Sgr en partie de Bellefontaine.

Claude-Guillaume-Bernard d'Egrémont, chevalier, Sgr en partie de Petit-Failly.

Le baron de Failly, Sgr de Petit-Failly et autres lieux.

Jean-Louis de Gorcey, Sgr de Vilette.

Marie-Julienne-Antoinette-Edouard, comtesse du Han et de Martigny, dame de Martigny.

Mme la comtesse d'Harnoncourt, dame de Serbey.

Antoine-Alexandre de la Morre, président de la Chambre des comptes du duché de Bar, Sgr d'Ugny.

D^lle Gabrielle-Catherine de la Morre ;

D^lle Thérèse-Françoise-Joséphine de la Morre d'Errouville;

D^lle Gabrielle de la Morre de Villay : toutes trois dames d'Ugny.

Mme Lamotte de Genevaux, douairière de M. de Fillay, gardienne noble de Monsieur son fils, Sgr en partie du ban de Viviers.

Le Fauletreux, Sgr du fief de Petit-Xivry.

Jean-Baptiste-Joseph de Maillard de la Martinière de Gorcy, Sgr en partie du ban de Cosne.

Mme Marguerite Maillot de la Treille, veuve douairière de M. de Novion, dame du fief de Nomelonpont.

Agathe-Charlotte, baronne douairière de Marche, née comtesse du Han et de Martigny, dame de Flabenville et Chappy.

Florimond, comte de Mercy-Argenteau, Chrisgnée, Sgr de Xivry-le-Franc.

Jean-Baptiste du Perron, Sgr en partie d'Ugny.

Charles de Puygreffier, chevalier, résidant à Saint-Pierre-Villiers.

Le marquis de Raigecourt-Gournay, Sgr de Saint-Pierre-Villiers et de Saint-Supplet.

Jean-Baptiste, baron de Reumont, Sgr Durbule, Manteville et autres lieux.

Marie-Anne, née baronne de Reumont, douairière de M. le baron de Failly, dame du Grand et du Petit-Failly.

La comtesse de Rosières d'Anvezin, dame d'Ollières.

Mme Marie-Anne de Saint-Vincent, douairière de M. de Manteville, en qualité de dame d'Espiez, Manteville, etc.

Jean-François Vendel de Longlaville, Sgr de Frenois-la-Montagne.

BAILLIAGE DE PONT-A-MOUSSON.

Procès-verbal de l'Assemblée générale des trois ordres.

11 mars 1789.

(*Archiv. imp.*, B. III, 23. p. 37, 58-71.)

NOBLESSE.

Antoine, procureur général de la Chambre des comptes de Lorraine, Sgr à Pagny.

Mme Marie-Anne-Rose de Barbarat de Mazirot, dame d'Arry, épouse séparée quant aux biens de M. Charles-Antoine, comte de Reims.

De Barrois de Manonville.

De Becave, demeurant à Corny.

Bernardy, garde du corps du roi.

Le comte de Booz, Sgr du fief de Booz.

François-Louis, comte de Bourcier, chevalier, Sgr de Villers en Haye, Rogeville, etc.

De Bourgogne, possédant fief à Mandre-aux-quatre-Tours.

Breton, chevalier, lieutenant général du bailliage.

Joseph-Nicolas-Félix Breton, écuyer, avocat en parlement.

Breton le jeune, chevalier, avocat.

De Busselot, aîné, Sgr à Andilly.

De Charvet, chevalier, premier avocat général au parlement de Nancy, Sgr de Blenod et Gezainville.

Le marquis de Cherizy.

Le marquis de Clermont-Tonnerre, Sgr d'Hamonville.

Daudard, officier.

M. Desserre, chevalier, Sgr de Serres-Lespagny et du fief de Coursol.

Durok, ancien officier (1).

Fabrier, procureur du roi de la maîtrise de cette ville.

Le chevalier de Faillonnet, baron de Saint-Baussant.

Charles-Léopold, comte de Fontenoy, marquis de Chatenoy et de Noveant.

M. Fourrier de la Borde, Sgr à Serrières.

Georges, procureur du roi honoraire.

Georges, procureur du roi en exercice.

D^lles Marie-Françoise, et Marie-Anne de Gomhervaux, dames de Lesmenils.

---

(1) *Lisez* Du Roc. C'était le père du maréchal de l'Empire, duc de Frioul, issu d'une famille noble et ancienne de Gévaudan. (*Armor. de Languedoc*, II, 85.)

Mme Barbe-Gabriel de Gombervaux, douairière de M. Charles-Philippe, comte de Raugrave, lieutenant général des armées du roi, dame de Villers-sous-Preny, Vendières, etc.

Le comte de Gourcy, Sgr de Moineville-Lespagny.

Guillaume, professeur en droit.

Guillaume le jeune, conseiller au parlement de Nancy, Sgr en partie à Villers-en-Haye et Roqueville.

Le comte d'Haussonville, Sgr de Goin et la Horgne

Le marquis du Hautois, Sgr du Hautois, Belleau, etc.

Le vicomte du Hautois.

Le vicomte du Hautoy, maréchal des camps et armées du roi, Sgr d'Avrainville.

Dame Françoise-Elisabeth Jadelot, épouse séparée quant aux biens de M. Théodore de Niceville, chevalier, en qualité de dame de la Cour-en-Haye, Gezinville, Gezoncourt, etc.

Le chevalier de la Coste du Vivier.

De la Ruelle, Sgr de Seicheprey.

De la Salle, Sgr de Villelcauval-Sainte-Marie.

De la Salle, Sgr de Vittonville.

Le marquis de Lasserra, Sgr de la terre de Haye.

De Laubrussel, chevalier, président au parlement de Metz, Sgr de Montrichard.

Le Lorrain, conseiller au bailliage.

Le Lorrain, avocat au parlement.

François Le Lorrain, écuyer, avocat en parlement.

Le marquis de Lemberty (Lambertye).

Georges de Lemuld, ancien officier de dragons.

Le comte de Lenoncourt, Sgr de Pierfont, Martincourt, Saint-Jean, Gézoncourt.

Le chevalier de Londek, demeurant à Wendelainville.

Mme la baronne de Mahuet, dame de Belleville.

Le baron de Manonville, Sgr de Manonville, etc.

Le baron de Marimont, lieutenant des maréchaux de France.

Mme Marie-Célestine-Philippine-Simone, née marquise de Marmier, épouse séparée quant aux biens de M. Charles-Joseph, comte de Rozières et d'Envezin.

Le vicomte de Mars.

Le chevalier de Massauve.

Claude-François de Millet de Chevers, chevalier, conseiller au parlement de Nancy, Sgr à Maidières et Montauville, et du fief de Cassenove.

Le baron de Monclos, Sgr de Champé.

Le baron de Mouzia, Sgr de Mouzia, etc.

Le marquis de Nettancourt, Sgr de Wendelainville.

Charles de Niceville.

De Niceville, fils majeur.

Le chevalier de Ninville, possédant foncière à Regnieville.

De Pimodan, résidant à Toul, Sgr à Avrainville.

Le comte de Raguet-Brancion, chevalier, Sgr de Liman et de Fossey.

Le marquis de Raigecourt-Gournay, Sgr de Bayonville.

Le marquis de Raigecourt, Sgr de Jaulny, Maidières et Montauville.
De Rampont, officier.
Charles-Théodore-Etienne, comte de Raugrave, maréchal des camps et armées du roi, Sgr de Vandières.
D^lles Marthe-Amélie et Anne-Françoise de Ravinel, comme possédant un fief à Arnaville.
Louis-François-Marie, comte de Riencourt-Vauzelle, mestre de camp de cavalerie, résidant au château d'Arry.
Le vicomte de Roussel.
Charles de Saint-Remy, Sgr en partie du fief de la Goise-Salée, résidant à Mouzin.
Le chevalier des Schoudy, colonel d'infanterie.
Le baron des Schoudy.
Christophe-Thomas de Soudits de Villers, chevalier, Sgr en partie de Gezoncourt et d'Avrinville.
De Tamberse (Tanberg).
De Tarboché, possédant le fief de Beaumont.
Trouard de Rioville, gouverneur des salines du roi.
Trouard de Rioville, maire royal à Pont-à-Mousson.
Le marquis de Vauborel, Sgr de Corny.
Le baron de Villandré.

BAILLIAGE DE SAINT-MIHIEL.

Procès-verbal de l'Assemblée générale des trois ordres.

21 mars 1789.

(*Archiv. imp.*, B. III, 23. p. 443, 458-469.)

NOBLESSE.

Charles-François Lartillier, écuyer, lieutenant général civil et criminel au bailliage royal de Saint-Mihiel, garde des sceaux.

Nicolas-Joseph Aimé, écuyer.
Charles-Louis, comte d'Ambly, mestre de camp de dragons, Sgr du château de Genicourt.
Gabriel-Georges-François Barrois, baron de Manonville.
Georges-François-Gabriel Barrois de Manonville, chevalier, capitaine au régt des chasseurs de Flandre.
Louis-Antoine-Joseph Barrois, chevalier de Manonville, chevalier de Saint-Louis, major de dragons, Sgr de Saint-Remy.
Charles-Louis de Bourgogne, chevalier, Sgr en partie d'Imonville, chevalier de Saint-Louis, lieutenant des maréchaux de France.
Charles-Henry-Ignace de Bousmard, chevalier, Sgr de Jondreville, Con-

traine et Anderny, président à mortier honoraire à la cour de Parlement de Metz.

François-Ignace de Bousmard, chevalier, Sgr de Jondreville, lieutenant des maréchaux de France.

Henri-Jean-Baptiste de Bousmard, chevalier, capitaine au corps royal du génie.

François-Louis Bouteiller, écuyer, Sgr de Saulx-en-Woivre.

Jean-Nicolas de Bregeot, écuyer.

Jean-Charles-Alexandre Brunier, marquis d'Adhémar et d'Heudicourt, à cause de ce dernier lieu, chevalier de Saint-Louis.

Charles Cheppe, écuyer, conseiller au parlement de Metz, co-Sgr de Broussey et Rolecourt.

Charles-François Dalnoncourt, chevalier, ancien officier au régt de la Couronne.

Louis-Charles-Edme-François-Gabriel-Alphonse Damoiseau, chevalier de Malte et de Saint-Louis.

Nicolas Drouet de la Cour, chevalier, Sgr du ban de Saint-Maurice et du fief de Branville.

François Delaubé, chevalier de Saint-Louis, capitaine au régt Royal-Pologne cavalerie (de Laubé).

Joseph Dyon de Saint-Victor, Sgr en partie de Broussey et Raulecourt.

Charles-Henry de Faillonnet, chevalier, Sgr de Domrémy, ancien capitaine au régt de Champagne.

Michel-Nicolas de Faillonnet, chevalier, baron de Saint-Baussant, Sgr en partie de Xivray et Marvoisin.

Gaspard-Philippe, comte de Gondrecourt, chevalier, Sgr en partie de Maisey; Senonville et Warviney.

Anselme-Alexandre de Halda du Lys, Sgr de Bellefontaine, ancien officier au régt Royal-infanterie.

Nicolas de l'Isle-de-Montcel.

Dlle Barbe-Henriette de l'Isle-Majeure d'Ans, dame en partie de la terre et seigneurie de Maisey.

Charles-Julien Jallant de la Croix, écuyer, officier d'infanterie.

Jean-Joseph Jallant de la Croix, écuyer, baron de Manonville, ancien capitaine de cavalerie au régt de Clermont-Prince.

Jean-Baptiste Josselin, écuyer, chevalier de Saint-Louis, ancien capitaine d'infanterie.

Jean-François, baron de Kaulbars, lieutenant colonel d'infanterie, chevalier de Saint-Louis.

Nicolas-Antoine, baron de Klopstein, Sgr de Saint-Aignant, Bricourt et Marcheville.

Charles-Dominique, comte de la Tour en Woivre, colonel de cavalerie et major en second du régt de Penthièvre, Sgr de Richecourt.

René-Charles-Elisabeth, comte de Ligniville, colonel au régt de Bourgogne infanterie, Sgr de Boncourt et Mandre-la-Petite.

Joseph-Henry de Lisle, Sgr de Maizey.

Gabriel-François, baron de Malvoisin, chevalier, Sgr du marquisat de Spada; brigadier des armées du roi et colonel de dragons.

Louis-François de Margadel, chevalier, co-Sgr de Xivray et Marvoisin.

Jean de Mercy, écuyer, Sgr du fief de Procheville.

Nicolas-François, baron de Montauban, Sgr de Lahayeville.

Charles, marquis de Moy.

Charles-Louis, marquis de Moy-Desous.

François-Louis-Antoine, baron de Pechard de Gironcourt, chevalier, Sgr de Maizey et Senonville, ancien officier de cuirassiers.

Théodore-Hyacinthe Platel du Plateau, chevalier, Sgr de Saint-Julien et de Lionville.

François-Joseph Regnauld, écuyer, maître particulier de la maîtrise de cette ville, co-Sgr de Broussey et Raulecourt.

Nicolas-Antoine-René de Rouyn, chevalier, Sgr de l'Isle les Troyon et du fief de Mont-Secq.

François de Rouvoires, écuyer, chevalier de Saint-Louis, ancien capitaine de cavalerie.

Joseph-Eugène de Rouvrois, écuyer.

François-Gabriel de Rouvrois, écuyer.

Henri-Joseph de Rouvrois, écuyer.

Jean-Prosper-Victor de Rouvrois, écuyer, ancien gendarme de la garde du roi.

Alexis-François, comte de Rozières, officier au régt d'Aunis.

Georges-Gabriel-François, comte de Rozières, chevalier de Saint-Louis, lieutenant-colonel au régt de Navarre-infanterie, Sgr de la Croix-sur-Meuse.

Henri-Nicolas-Antoine, comte de Rozières, Sgr de Valroy, Marcheville et de la Croix-sur-Meuse.

Pierre de Saint-Hillier, Sgr de Sommedieux, colonel de cavalerie, chevalier de Saint-Louis, sous-lieutenant des gardes du corps du roi.

Sébastien-Charles-Antoine, marquis de Spada, ancien guidon de gendarmerie.

François-Eustache Thierry de Saint-Baussant, capitaine d'infanterie, Sgr de Montsecq.

Jean-Baptiste Thierry de Saint-Baussant, chevalier de Saint-Louis, ancien capitaine au régt d'Enghien, Sgr de Rambucourt et Renoncourt.

François-Xavier-Hyacinthe de Thionville, chanoine écolâtre de l'insigne église cathédrale de Saint-Diez, Sgr de Rolecourt et Broussey.

Gabriel, baron de Zaeffel de Suève, chevalier, baron de Creuë, ancien capitaine pour le service de France.

BAILLIAGE DE THIANCOURT.

Procès-verbal de l'Assemblée générale des trois ordres.

16 mars 1789.

(*Archiv. imp.*, B. III, 23. p. 715, 730-733, 740.)

NOBLESSE.

Charles-Joseph-Emile Chevalier, comte de Rozière d'Envessin, officier au régt de Royal-Lorraine, cavalerie, pour le service de France, Sgr de Rechicourt, Altierres, Dommartin et Haudeloncourt, bailli d'épée du bailliage royal de Thiancourt.

Le chevalier de Bainville, chevalier de Saint-Louis, ancien capitaine d'infanterie au service de France, résidant à Dommartin.

De Beauvant, écuyer, demeurant à Charey.

Le duc du Chatelet-Lomont d'Haraucourt, Sgr de Chambley et Buxières, lieutenant général des armées du roi, chevalier de ses ordres et colonel des Gardes françaises.

Le chevalier de Curel, chevalier de Saint-Louis, capitaine en premier au corps royal du génie, Sgr de Xonville.

Le comte de Gourcy, Sgr de Charey.

Le chevalier de Gourcy, Sgr d'Hanmouville-aux-Passages, résidant à Preizieux.

La comtesse de Gourcy de Dammartin.

Le comte de Hatz-la-Marche en Woivre, chevalier, comte dudit la Marche, Sgr de Panne et Kravetet, bailli d'épée du bailliage de Dieuze.

De la Croix, Sgr du fief de Saulcy.

Le comte de la Tour-en-Woivre, Sgr du fief de Puizieux.

Le comte de Malartic, Sgr de Rambercourt, lieutenant pour le roi des ville et citadelle de Nancy, chevalier de Saint-Louis.

De Marionnel, écuyer, chevalier de Saint-Louis, capitaine retiré à la suite.

De Neuvry, chevalier, conseiller au parlement de Lorraine, Sgr du fief de Hadouville-la-Chaussée.

Charles Niceville, chevalier, lieutenant au régt de Beauvoisis.

Gabriel de Niceville, Sgr de la Tour-Mansard, résidant à Broussey.

La dame veuve et douairière de M. le marquis de Raigecourt et les héritiers de ce dernier

Rhœderer, Sgr du fief de Saulcy.

La comtesse de Rozière, née marquise de Marmier, comtesse d'Envessin.

Thierry.

BAILLIAGE DE VILLERS-LA-MONTAGNE.

Procès-verbal de l'Assemblée générale des trois ordres.

16 mars 1789.

(*Archiv. imp.*, B. III., 23. p. 811, 815-825.)

NOBLESSE.

Antoine-Joseph-Auguste-Louis, marquis du Blaisel, chevalier, comte du Saint-Empire, maréchal des camps et armées du roi, bailli d'épée du bailliage royal de Villers-la-Montagne.

D'Arnauld, Sgr de fief à Errouville.

La baronne de Bombelle, dame de Villers-la-Chèvre, douairière de M. Gabriel de la Morre, chevalier, Sgr de Longville, Ugny, Errouville, conseiller du roi en tous ses conseils, premier président en la Chambre des comptes du duché de Bar.

Nicolas-François Chevalier, baron de la Haye ou de Hagen.

Charles Chenet de Bollemont, à cause de son fief de Mercy-le-Bas.

Chenet de Bollemont l'aîné.

Pierre de Culny.

Dlle Jeanne-Gabrielle Devaux, née de Saint-Delis.

François-Johël Duhoux de Crèvecœur, écuyer, Sgr de fief à Mercy-le-Bas, capitaine au régt de Hainault, infanterie.

D'Esbergt, à cause de son fief à Boudresy.

Le baron de Failly, Sgr en partie de Saint-Pancré.

Hyacinthe de Genin, écuyer, chevalier de Saint-Louis.

Le marquis de Gerbevillers, Sgr haut justicier d'Audun-le-Tiche, Villercezot, etc.

Emmanuel Gervaise de Serviés, chevalier, Sgr de Serviés, Compredon, etc., capitaine au régt de Royal-Roussillon, infanterie.

De Guerchen, Sgr de fief à Errouville.

Philippe-Charles de Hunolstein, comte de Hunolstein, chevalier, Sgr du comté d'Ottange, Hombourg, etc.

Philippe-Antoine de Hunolstein, maréchal des camps et armées du roi.

Antoine-Alexandre de la Morre, chevalier, Sgr de fief de Vrainville, conseiller du roi en tous ses conseils, premier président en la Chambre des comptes du duché de Bar.

Dlle Gabrielle de la Morre de Villers;

Dlle Thérèse-Françoise-Joséphine de la Morre d'Errouville, et

Dlle Gabrielle-Catherine de la Morre, dames en partie d'Errouville.

Dame Marie-Françoise de Louvain des Fontaines, veuve douairière de M. François-Antoine, marquis de Lambertye et de Cons la Grand-Ville.

Georges-Alexandre-François-Xavier de Maillard de la Martinière, Sgr de

Brandebourg, etc., conseiller du roi, lieutenant général civil et criminel au bailliage de Longwi.

Jean-Baptiste-Joseph de Maillard de la Martinière de Gorcy, ancien général major et commandeur de l'ordre de Saint-Charles de Wurtemberg.

Florimond, comte de Mercy-Argenteau, Chrisgnée, chevalier de la Toison d'or, etc.

Georges-André d'Oberlin de Mitterback, ancien capitaine de cavalerie, chevalier de Saint-Louis.

La comtesse de Paget, à cause de la haute justice de Villers-la-Chèvre.

La douairière baronne de Pallande, née baronne de Saint-Ignon, dame de Wolsfelt, duché de Luxembourg, Sgresse à Mercy-le-Bas.

Jean-Baptiste du Perron, capitaine en premier au régt des chasseurs, chevalier de Saint-Louis, Sgr en partie d'Errouville, à cause de la dame Gabrielle de la Morre, son épouse.

Henri-Louis, marquis de Querhouent, capitaine au régt d'Auxerrois-infanterie, Sgr en partie de Saint-Pancré.

Le prince Camille de Rohan, Sgr de Bréhain-la-Cour.

Charles - Nicolas - Antoine - Joseph de Saint-Delis, chevalier, Sgr de Tillot, etc., officier au service de France.

De Sainte-Croix, Sgr de fief à Crusse.

Le comte de Saint-Ignon, à cause de son fief à Mercy-le-Bas.

Les religieux de Saint-Pierremont, à cause de leur fief à Boudressy.

François de Treillard, patrice noble de Parme, ancien secrétaire du cabinet ce S. A. R. le duc de Parme, et intendant du commerce et de l'agriculture, dans les Etats de S. A. R., Sgr haut justicier de Custry-en-Barrois.

Charles-François de Treillard, officier au régt de la Reine-dragons.

Mgr l'évêque de Verdun, à cause de la haute justice de Lieu et Bas-Lieu.

Jean-François de Wendel de Long-la-Ville, Sgr de Tillancourt, Frenois-la-Montagne, etc., ancien capitaine de cavalerie, chevalier de Saint-Louis.

BAILLIAGE DE METZ.

Liste des députés de la noblesse de l'arrondissement de Metz nommés dans les bailliages pour la rédaction du cahier des doléances, et pour l'élection des députés aux Etats généraux.

16 mars 1789.

(*Archiv. imp.*, B. III., 86. p. 414.)

A Metz, l'élection des députés de la noblesse et du tiers-état fut faite en commun par les délégués des deux ordres.

Le bureau provisoire était ainsi composé :

> Le comte de Gevigny ;
> Mathieu de Rondeville ;
> Ledure ; — doyens d'âge.

MM. de Maillard de la Martinière,
> Mathieu de Rondeville,
> Dutailly,

furent nommés scrutateurs à la pluralité des voix.

L'assemblée des délégués des deux ordres était ainsi composée :

Metz....... Deffant.
> Emmery, l'aîné, avocat.
> Mathieu de Rondeville, père, avocat.
> La Jeunesse Dutailly, procureur du roi.
> Galland, de Noveaux.
> Crosse, de Cheuby.
> Bertin, de Marslatour.
> Collin, substitut du procureur général.
> Bastien, de Secourt.

Thionville . De Wolter de Neurbourg.
> De Vellecour (1).
> Blouet, lieutenant général.
> Schweitzer, avocat.
> Ledure, rentier.
> Durbach, cultivateur.

Longwy.... De Maillard de la Martinière, lieut. général de bailliage.
> Claude le jeune, avocat.
> Nicolas, négociant.

Sarrelouis .. Richard, baron d'Hubéherrn.
> La Salle, lieutenant général.
> Fiscal, entrepreneur des fortifications.

Sarrebourg Le comte de Custine.
et   Henry, procureur du roi de la maîtrise.
Phalsbourg . Mambré, cultivateur, à Courserad.

---

(1) Sur l'observation de M. de Vellecour qu'il attendait journellement des ordres du ministre qui pourraient le forcer à un voyage dans la Lorraine allemande, il a été décidé et convenu avec l'approbation unanime de l'assemblée de la Noblesse de Thionville, qu'en cas d'empêchement pour lesdits Sieurs députés, ils seraient remplacés par M. d'Attel et M. le comte de Gevigny. (*Proc.-verb.* B. III, **87**, p. **289**.)

Liste des gentilshommes qui ont signé le mémoire contenant les pouvoirs donnés aux députés de Metz aux États généraux.

4 avril 1789.

(*Archiv. imp.*, B. III, 86. p. 509-515.)

Le marquis de Cherisey, présid.
Berteaux, secrétaire.
Le comte d'Allegrin.
D'Alnoncourt.
Ancillon fils
Le comte d'Arros.
Le vicomte d'Auger.
George des Aulnois.
De Balay, fils.
Barandiery, comte Dessville.
Barandiery Dessville.
De Barat de Boncourt.
Le vicomte de Beaurepaire.
Le vicomte de Beaurepaire, fils.
Beausire.
De Belchamps.
Besset.
Le baron de Blair.
Le chevalier de Blair.
Le baron de Bock.
Boudet de Puymaigre.
De Boulenne.
Bournac.
Bournac de Fercourt.
De Brazy.
Des Brochers.
Bry d'Arcy.
Le chevalier de Buzelet.
Cabannes.
De Cabouilly.
Chazelles, du régt de Vintimille.
Chazelles, du corps des mineurs.
Chazelles, du régt d'Orléans.
De Chazelles.
Le chevalier de Chenicourt.
Chièvres.
De Comeau.
De Compagnon.
Corvissart de Fleury.
Le baron de Cosne.
Le baron de Coüet.

Louis, comte de Courten.
Le vicomte de Courten.
De Crespin.
Crespin de la Woivre.
De Domgermain.
Dosquet.
Dumoulin.
D'Ecosse.
Eschalard de Bourguinière.
Evrard de Longeville.
Evrard.
Fabert.
Le chevalier de Fabert.
Faultrier.
Faultrier.
Le chevalier de Faultrier.
Ferrand.
Le comte de Foucquet.
Franchessin.
Frey de Neuville.
Gaultier de Lamotte.
Geoffroy.
Gerard d'Hanoncelle.
Goullet de Saint-Paul.
Gournay du Gallois.
Goussaud de Montigny.
Goussaud d'Antilly.
Goyon des Rochettes.
Guerrier.
Le baron de Guillemin.
De Haussay.
Jobal de Pagny.
Joly de Maizeroy.
Lachapelle de Bellegarde.
Ladonchamps.
De Lambert de Rezicourt.
Le vicomte de Lambertye.
Le comte de Latour en Woivre.
La Roche Girault.
Le Bourgeois du Cherray.
Le Bourgeois du Cheray, père.

Le Duchat de Mancourt.	Poutet.
Le Duchat, comte de Rurange.	Poutet.
Le Duchat d'Aubigny.	Rancé.
Le Duchat de Rurange.	Le chevalier de Rancé.
Le Goullon d'Hauconcourt.	Regnier d'Araincourt.
Le chevalier de Loyauté.	De Requin.
De Luc.	Roederer.
Macklot.	Saint-Blaise.
Mamiel de Mureuille.	Saint-Blaise de Crépy.
Mardigny.	De Seillons.
Marion de Glatigny.	De Serre.
De Marion.	Thirion.
Marionnel.	Tinseau.
Mey de Valombre.	Turmel.
Midart.	Le chevalier de Vareilles.
Pacquin de Vauzlemont.	Vaudouleurs.
Le baron de Plunkett.	Le baron de Vissec.
Pottier de Fresnois.	

La ville de Metz, ancienne ville libre et impériale, qui avait constamment député aux diètes de l'Empire avant sa réunion à la France, obtint le privilége d'élire un député particulier aux États généraux du royaume par arrêt du conseil du 6 avril 1789, et le 16 avril suivant M. Pierre Maujean, maître échevin de la ville de Metz et procureur syndic de l'assemblée provinciale, fut élu député direct du tiers-état de la ville aux États généraux (*Proc.-verb*, p. 620).

BAILLIAGE DE LONGWY.

Procès-verbal de l'Assemblée générale des trois ordres.

12 mars 1789.

(*Archiv. imp.*, B. III, 87. p. 46-48.)

NOBLESSE.

George-François-Xavier de Maillard de la Martinière, écuyer, Sgr de Brandebourg, Cussigny, Gouy et autres lieux, conseiller du roi, lieutenant général civil et criminel au bailliage et siége royal de Longwy.

Eugène-Eustache de Béthizy, maréchal des camps et armées du roi, commandeur de Saint-Louis, inspecteur général d'infanterie, Sgr de Mezières, Campvermont, Ignancourt en partie, La Selle, Saint-Phal, Pulventeux et autres lieux.

Jean-Baptiste-Isaac de Brissac, écuyer, Sgr du vieux et nouveau Soxey, la Colombe, Penchengnon, Monplaisir et autres lieux.

Philippe Derval, écuyer, chevalier de Saint-Louis.

Charles-Bernard, baron Dufeing, chevalier de Saint-Louis, ancien commandant de bataillon d'infanterie, maire et lieutenant général de police de cette ville.

Jean-Baptiste-Joseph de Maillard de la Martinière de Gouy, ancien général-major.

Henri-Joseph de Tarragon, chevalier, Sgr en partie de Mainviller-en-Beauce, ancien capitaine au régt de Royal-comtois.

Jean de Wendel de Long la ville, Sgr de Long la ville et autres lieux, chevalier de Saint-Louis, ancien capitaine de cavalerie.

BAILLIAGES DE SARREBOURG ET PHALSBOURG.

Procès-verbal de l'Assemblée générale des trois ordres.

8 avril 1789.

(*Archiv. imp.*, B. III, 87. p. 530-547.)

NOBLESSE.

Marie-Joseph-Maurice, comte de Saintignon, chevalier, Sgr de Reding et autres lieux, grand-bailli d'épée de Fenestrange.

Adam-Philippe, comte de Custine, chev., Sgr de Niderviller, maréchal des camps et armées du roi, insp. de cavalerie, gouverneur de Toulon.

Antoine-Guillaume Delverth, et Joseph-Armand Delverth, Sgr de Bourcheidt.

Drouard, Sgr en partie de Lezey.

Joseph-Louis d'Elpert, chevalier, Sgr de Bourcheidt.

Le commandeur de Gelnoncourt.

Les chanoines et chapitre noble de l'Église cathédrale de Metz, Sgrs de Hoff.

L'abbé et les religieux de Hautseille, co-Sgrs de Lezey.

Le baron de Klinglin, Sgr de Monkenhoff.

Gabriel Lagarde, secrétaire de l'assemblée.

Charles-Hyacinthe Le Clerc de Landremont, écuyer, chevalier de Saint-Louis, chef d'escadron au régt de Schomberg-dragons.

Le comte de Lutzelbourg, Sgr de Bille.

Henri-Clair Malet, baron de la Girouzière, écuyer, chevalier de Saint-Louis, Sgr de la Roche, Hellocourt et Vuidelange, commandant pour le roi en cette ville.

Claude-Christophe, chevalier de Saintignon, Sgr de Reding.

Le baron de Sweyer d'Issenbach, commandeur de l'ordre teutonique.

Les dames abbesses et religieuses de Vergaville.

Le baron de Vioménil, Sgr d'Incling, la Forge et autres lieux.

BAILLIAGE DE SARRELOUIS.

Procès-verbal de l'Assemblée générale des trois ordres.

9 mars 1789.

(*Archiv. imp.*, B. III, 87. p. 139-155.)

NOBLESSE.

Jean-Pierre, comte de Lambertye, Sgr de Cosme, Birring, Bitteting et autres lieux, chevalier de Saint-Louis, commandant pour le roi au gouvernement de Sarrelouis, bailli d'épée au bailliage de cette ville.

Charles de Vieville, commissaire des guerres en cette ville, fut nommé scrutateur.

Jean–Baptiste-Hélène Richard, baron d'Huberhern, fut nommé député à l'assemblée de Metz.

Le cahier des doléances fut signé par :

Du Pillard de Requin, pour lui et Mlles ses sœurs.
Des Robert.
Bourcier de Mondeville, pour lui et pour M. Chalmon, malade.
De Cronders.
Le chevalier Le Grand.
Motte d'Alterviller.
De Chappui.
Le Grand.
Hannaire de Vieville.
Richard, baron d'Huberhern.

BAILLIAGE DE THIONVILLE.

Procès-verbal de l'Assemblée particulière de la Noblesse de Thionville.

12 mars 1789.

(*Archiv. imp.*, B. III, 87. p. 281-307.)

Théodore, comte de Gevigny de Kanfen, président.
Mme d'Arguel de Deux-Fontaines.
Jean-Jacques-Philippe d'Arnauld.
Pierre–Jean-François d'Attel.
Marie-Philippe Hubert, chevalier de Bertrandy.
Jean-Jacques-François de Bock.

Le baron de Bock.
Jacques-Louis-Henri, chevalier de Bruck de Monplaisir.
François-Dominique-Marie-Thérèse de Cabannes, l'aîné.
Charles-Guillaume de Cabannes, le cadet.
Jacques-François de Clément.
Le marquis de Dampont.
Charles-Joseph Desmenil.
De Fayolle.
Le marquis de Fouquet.
Gaspard-Louis de Franchessin, l'aîné.
Mme Galhau de Fremestroff.
Théodore de Gargan.
Nicolas de Garnier du Pertuy.
Charles, comte de Gevigny.
Georges-Michel-Joseph, chevalier de Girard.
De Gœst, secrétaire de l'assemblée.
Le comte d'Hunolstein.
Jean-Louis-Victor de Jacob de la Cottière.
Louis de Jaubert (comte de Jaubert, p. 306).
Jean-Baptiste-André de la Motte.
François L'Hoste de la Motte de Remlinger.
Macklot.
Christophe-Joseph-François Poirot de Valcourt.
De Pouilly.
Antoine de Preische (La Salle de Preische, p. 307).
Charles-François de Roussel d'Archemont.
Jean-Paul Staudt de Limbourg.
Henri Staudt de Limbourg.
Charles-Bertin-Gaston de Tourville, fils.
François Turlure de Vellecour.
Benoît Vendel d'Hayange.
Benoît-Nicolas Wolter de Neurbourg.

BAILLIAGE DE MIRECOURT.

Procès-verbal de l'Assemblée de l'ordre de la noblesse.

16 avril 1789.

(*Archiv. imp.* B. III., 89. p. 9-135.)

Joseph-Louis-Bernard, comte d'Haussonville, de Moissy, de Bronne, de Montagne, chevalier des ordres du roi, lieutenant général de ses armées, commandant en second dans les duchés de Lorraine et de Bar, commandant en chef la première division de Lorraine, gouverneur de Mirecourt, bailli d'épée au bailliage de la même ville.

Jean-François-Joseph, marquis d'Alsace d'Hénin Liétard, chevalier, comte de Bourlemont, Sgr de Dion, le Val, Wavrans, Gironcourt, etc., chambellan de S. M. I., colonel à son service.

Mathias Amyot, chevalier.

Jean-Baptiste-Paul de Baillivy, chevalier.

Mme veuve et douairière de Charles-François-Antoine de Barbarat de Mazirot, chevalier, comte de Muret et de Neuvron, conseiller du roi en ses conseils, maître des requêtes ordinaires en son hôtel, intendant de la généralité de Moulins, tutrice et gardienne noble de ses enfants mineurs.

Jean-Anaclet, marquis de Bassompierre, chevalier, maréchal des camps et armées du roi, chevalier de Saint-Louis.

Gabriel de Becastel, aliàs de Buretel, chev., Sgr de Parcy-sous-Montfort.

Etienne-Sigismond-Antoine-Pierre de Bouchard chevalier, ancien off. pour le service de l'Empire, ancien gendarme de la garde de S. M.

Claude-Joseph Bricquenay, écuyer.

Jean-Henri, marquis del Carretto de Balestrein, chevalier, Sgr de Ligneville.

Antoine-Cleriadus, marquis de Choiseul-la-Beaume, chevalier, lieutenant-général des armées du roi, commandant en chef dans le duché de Lorraine et de Bar, à cause de son comté de Ravenel.

Le comte de Choiseul-Gouffier, chevalier, ambassadeur de S. M. à la Porte ottomane, Sgr de Girecourt.

Jean-Pierre-Charles-Melchior Collenet, écuyer, baron de Fontette, Sgr de Rozerotte.

Hyacinthe de Curel, chevalier, des anciens Sgrs de Curel.

Claude-Joseph Duhoux, chevalier.

Charles-François Duhoux d'Hennecourt, chevalier, Sgr de Parcy-sous-Montfort.

Charles Duhoux, chevalier, capitaine au régt des chasseurs de Lorraine.

Joseph-Hyacinthe Duparge d'Ambacourt, chevalier, conseiller maître et auditeur en la chambre des comptes de Lorraine.

Sébastien-Marcel Duparge de Bettoncourt et Chaufecourt.

Charles-François d'Espinette.

Pierre-François Fourrier Melon de la Grèze, chevalier.

Jean-Baptiste Gauthier, écuyer, conseiller maître et auditeur en la chambre des comptes de Lorraine.

Louis-Alexandre de Haldat, chevalier de Saint-Louis, Sgr de Ramecourt.

Nicolas-François d'Hennequin, comte de Fresnel, Sgr du comté de Fresnel.

D'Hennezel de Gemelaincourt.

Léopold d'Hennezel, chevalier, Sgr de Gemenaincourt.

Charles-Joseph Henrion de Magnoncourt, écuyer, Sgr de Remoncourt.

Thérèse-Joseph-François de la Lande, chevalier, Sgr de Legeville et en partie de Dompaire.

Magon de la Lande, co-Sgr du comté de Morainville.

Mme Thérèse-Joseph, comtesse de Lavaux de Sommerecourt, chanoinesse de Poussay, dame de Villers les Mirecourt.

Nicolas-Gabriel Le Bègue de Girmont, chevalier.

Claude-François-Joseph Le Maillot, chevalier, Sgr de Pont-sur-Madon, lieut. des maréchaux de France.

Mme la marquise de Ligneville, dame de They-sous-Montfort (née de la Beaume de Montrevel).

Charles-François, baron de Malvoisin, chevalier, Sgr d'Aboncourt, chevalier de Saint-Louis, colonel de dragons, Sgr de Blemery.

François-Joseph Melon de la Grèze, chevalier, Sgr de Blainville aux Saulces.

Le comte d'Ourches, chevalier, marquis de Tantonville, premier chambellan de Monsieur, frère du roi, bailli de Vezelise, Sgr de Repel.

Louis-François-Léopold Pochard, écuyer.

Hubert-Dieudonné, baron de Ravinel, Sgr de Domjulien et Girovilliers.

Le marquis de Saint-Gilles, co-Sgr du comté de Morainville.

Mme de Sechelles, co-Sgresse du comté de Morainville.

Gaspard, comte de Sommyèvre, chevalier, lieutenant-général des armées du roi, commandeur de Saint-Louis, gouv. de Mont-Louis, command. en chef en Artois, bailli d'épée de Chatel, baron d'Offroicourt.

Thérèse-François-Xavier Sanderel de Peyseux, écuyer.

Charles-François-Gabriel Thierriet, écuyer.

D^lle Julie de Thomerot, dame de Parcy-sous-Montfort, et de Neuveville.

Mme de Vidrange, dame de Parcy-sous-Montfort.

Noms des députés présents à l'assemblée d'arrondissement à Mirecourt.

Mirecourt .... Joseph-Louis-Bernard, comte de Clairon d'Haussonville, bailli.

Charmes .... Alexandre-Nicolas d'Herbel, écuyer.

Chatel-sur-Moselle.. Charles-Gaspard de Hourrières, comte de Viermes, ancien capitaine de cavalerie.

Arney .... Joseph-Maurice, comte de Toustain-Virey, bailli d'épée.
Joseph-Sébastien Le Payge, écuyer, Sgr de Dommartin.

Neufchâteau ...... Gabriel, chevalier du Buget, Sgr des Vallois.
Nicolas de Civallard, Sgr du fief des Roussel.
François-Louis Thibaut de Menonville, Sgr de Frambock, maréchal de camp.
Charles-Dominique de Bazelaire Decotteroy.

Epinal .... Charles-François-Xavier Collinet de la Salle.

Bruyères .... Louis-Albérique Clément Dumez.

Remiremont....... Louis Massey, Sgr de Gemelaincourt.
Marc-Sigisbert-Antoine de Bazelaire de Foulley.
Léopold-Henri de Bertinet, chevalier.

BAILLIAGE DE BRUYÈRES.

Procès-verbal de l'Assemblée générale des trois ordres.

16 mars 1789.

Archiv. imp. B. III., 89. p. 218, 226-253.)

NOBLESSE.

Dieudonné-Gabriel de Humbert, chevalier, comte de Gircourt, Sgr de la baronie de ce nom, du fief de Vieuville, etc., ancien officier au régt du roi, infanterie, bailli d'épée.

La comtesse de Bourcier de Villers, à cause de la baronnie de Girecourt en partie.

De Brigeot, chevalier, Sgr de Couture, etc.

Chaniel, écuyer, Sgr de Parroy, Chenemenil, Rachecour et Turqueim en Alsace.

Jacques-Philippe de Cheyron, ancien capitaine d'infanterie.

Louis de Cheyron, fils.

Le marquis de Clément du Metz, ancien lieutenant-colonel au corps des carabiniers, chevalier de Saint-Louis.

Charles-Hubert Collinet de la Salle, Sgr de Fremi-Fontaine-la-Basse.

Collinet de la Salle, Sgr en partie de Faucompierre.

Collinet de la Salle de Bouzillon, Sgr en partie du Voir de Belmont.

Nicolas-Antoine Didier.

Jean-François Didier.

Doridant de Rambaville, chevalier, Sgr de Ruxurieux, ancien capitaine des chasses du feu roi de Pologne, duc de Lorraine et de Bar.

Doridant fils, chevalier.

Le chevalier Doridant d'Arpenaut, chevalier de Saint-Louis, ancien capitaine d'infanterie.

Antoine-Louis Duhoux de Vioménil, chevalier, lieutenant-colonel d'infanterie, chevalier de Saint-Louis.

Le chevalier d'Emeric, capitaine au régt Royal-d'Auvergne, infanterie.

Le comte de Franc, chevalier non-profès de l'ordre de Saint-Jean de Jérusalem et de celui de Saint-Louis, maréchal des camps et armées du roi, bailli d'épée du bailliage de Saint-Diez.

François-Stanislas Gœry Collinet de la Salle, Sgr de l'Epange.

Le chevalier de Gosson, chevalier de Saint-Louis, capitaine au régt de la marine.

Charles, comte d'Hofflize (Offelize), Sgr en partie de Fimesnil.

Mme la comtesse de Hourières de Viermes, douairière de feu Nicolas-
Joseph, comte de Martimprey, baron de Villefond, dame de Fouge-
rolles et Cormimont, résidant à Martimprey.

Charles-Gaspard de Hourière, chevalier, comte de Viermes, chevalier
de Saint-Louis, mestre de camp de cavalerie.

Hugo de Spitzemberg, chevalier, Sgr dudit lieu, de Bifontaine en partie et autres lieux.

Pierre-Joseph de Jacob, écuyer.

Antoine-Philippe de Jacob, fils.

De Lavaux, gentilhomme ordinaire de feu S. M. Polonaise, duc de
Lorraine et de Bar, Sgr de Ruxurieux en partie.

Le comte de Ludre, Sgr en partie de la Mairie de Granges.

Le comte de Martimprey, Sgr de la terre du Hom, baron de Villefond,
son fils.

Joseph Michel, écuyer.

Jean-Nicolas Michel, écuyer.

Pierre-Henri Michel, écuyer.

Le comte d'Ourches, à cause de la Sgrie de Vichibure.

Basile-Amable-Henri de Pont, chevalier, capitaine de cavalerie au régt
de Royal-Champagne.

Pierre-Gabriel de Vaudechamp, écuyer.

BAILLIAGE DE CHARMES.

Procès-verbal de l'ordre de la noblesse du bailliage de Charmes.

16 mars 1789.

(*Archiv. imp.* B. III., 89. p. 351-353; 373-374.)

D'Herbel, président.

Duseau d'Augny, chevalier de Saint-Louis.

Le chevalier de l'Epée.

De Fourrier.

De Lorcy, lieutenant général civil et criminel du bailliage.

De Marne.

S. Privé, chevalier de Saint-Louis.

Augustin-Pierre, comte de Rutant.

De Thumery, capitaine d'infanterie.

BAILLIAGE DE CHATEL-SUR-MOSELLE.

Procès-verbal de l'Assemblée générale des trois ordres.

10 mars 1789.

(*Archiv. imp.* B. III., 89. p. 380-383.)

NOBLESSE.

Mme Abram de Zincourt.
Cosserat, Sgr du fief de Rouverois et de Chatel.
De Gaudel, Sgr de Nomeny.
De Gaudel.
Guilbert, Sgr voué de Chatel.
Guilbert de Pixérecourt.
Les Sgrs de Hadigny.
De la Salle de Bouzillon, Sgr de Saint-Germain.
De L'Epée, Sgr de Villacourt.
Protin de Vullemont, Sgrs voués de ladite ville
De Thumery, fils, et pour sa mère, dame de Langley.
Le baron de Thumery, Sgr de Villacourt.
Le comte de Viermes, Sgr des Verrières d'Ouzaines.
Mlle de Villemont, dame de Frizon.

BAILLIAGE D'ARNEY.

Procès-verbal de l'Assemblée générale des trois ordres.

12 mars 1789.

(*Archiv. imp.* B. III., 89. p. 405-423.)

NOBLESSE.

Joseph-Maurice, comte de Toustain de Viray, chevalier, Sgr de Butte-
nemont, maréchal des camps et armées du roi, bailli d'épée.
Jean-Baptiste Alexandre, écuyer, Sgr de Saint-Balmont.

Les Sgrs d'Amenville.

Antoine de Bietagh, chevalier, Sgr du fief de Chenimont.

Claude-Léonard, comte de Bourcier de Montureux, capitaine commandant au régt des dragons de Chartres.

François-Joseph-Dieudonné, comte de Bourcier de Montureux et d'Aracourt, capit. au régt de Picardie-cavalerie.

Dame Anne, née comtesse de Bourcier de Montureux, ép. de M. Charles-François-Xavier, comte Le Fèvre de Saint-Germain, Sgr de Passoncourt, etc.

François-Auguste de Bresson, écuyer, Sgr de Sénonges.

Adrien-Gabriel de Champagne, chevalier, comte de Bouzey, baron de Vitreys.

De Coluel, baron de Fontet.

Dame Anne-Antoinette de Courtois, dame douairière de M. Jacques de Bresson de Bazan, écuyer.

Le baron de Dommartin, co-Sgr de Damas devant Dompaire.

Le baron Dubujet, Sgr de Vallois et de Jesonville.

Gabriel Dubujet, chevalier, Sgr des fiefs des trois vallons.

Le comte Duhoux, Sgr de Dombasle.

Charles-Antoine Duhoux, baron de Vioménil, lieutenant général des armées du roi, gouvern. de La Rochelle, Sgr de Bellerupt et Bouviller.

François-Joseph-Léopold, baron Duhoux, chevalier, Sgr de Vioménil.

Charles Duhoux, chevalier, Sgr d'Hennecourt et Gerhey.

Nicolas-Joseph-François de Gellenoncourt, baron de Darnieulle, co-Sgr dudit lieu.

Joseph-Benoît-Charles, baron de Gellenoncourt.

Nicolas-François-Xavier, baron de Gellenoncourt, capitaine au régt du Perche.

Antoine-Gabriel de Gellenoncourt, Sgr de Darnieulle.

Dame Marguerite-Suzanne, née comtesse de Gircourt, dame de la Croix étoilée, douairière de Charles-Dieudonné, comte de Bourcier de Villers, dame de la chatellenie de Varbexy, Jorsey, Vaux et Varmouzey.

Nicolas-Charles-Georges Guilbert de Pixérecourt, écuyer, Sgr de Saint-Vallier, ancien officier d'infanterie.

Charles-Joseph Henrion de Magnoncourt, écuyer, Sgr d'Esley, lieutenant des maréchaux de France.

Charles-Georges-Christophe, comte d'Hofflize (Offelize), Sgr de Valfroicourt, maréchal des camps et armées du roi.

Nicolas de La Lande, Sgr de Lezeville.

De Launoy, co-Sgr du ban de Bouxière-aux-Bois.

Claude-Joseph Le Maillot, chevalier, Sgr de Pont-sur-Madon et Vaumécourt.

Joseph-Sébastien Le Paige, écuyer, Sgr de Dommartin.

Mme Le Royer, baronne de Montclos, dame de Valleroy-aux-Saulx.

Charles-François, baron de Malvoisin, chevalier, Sgr d'Aboncourt, lieutenant-colonel du régt de dragons de Monsieur.

De Maurice, Sgr du fief d'Attigny.

Renel, co-Sgr de Derbamont.

Le marquis des Salles, Sgr de Contrexeville.

Jean-Baptiste de Thomasset, écuyer, Sgr de Martinville.

Jean-Christophe de Valentin, chevalier, Sgr de Derbamont et Circourt (1).

Charles-Gabriel, marquis de Ville, chevalier, maréchal des camps et armées du roi.

BAILLIAGE D'ÉPINAL.

Procès-verbal de l'Assemblée générale des trois ordres.

10 mars 1789.

(*Archiv. imp.* B. III., 89. p. 507-543.)

NOBLESSE.

Pierre-Maurice Collinet de la Salle, chevalier, conseiller du roi, lieutenant général civil et criminel du bailliage royal d'Epinal.

Abram le Bègue.

Le baron de Battincourt.

De Brégeot.

Charles-François-Xavier Collinet de la Salle, Sgr de Fremifontaine et autres lieux.

Dardela (d'Ardelus).

Dardenne.

De Faucompierre.

De Lasalle.

De Lasalle, aîné.

De la Salle, officier.

De la Salle d'Aleumont.

De la Salle de Chonville.

De Launoy de Bouxière.

De Maisonblanche.

De Marsanne.

De Rosière.

Rouot.

Du Rouvrois.

Le chevalier de Valentin d'Uriménil.

De Valentin, l'aîné.

De Vulmont.

Le procès-verbal ne relate pas les noms des membres présents; nous avons relevé les noms qui précèdent sur le cahier des doléances et sur quelques autres pièces jointes à la collection des Archives.

(1) Jean Valentin, chevalier, officier de cavalerie en France, obtint, par lettres patentes du roi Stanislas, le droit pour lui et ses descendants de faire précéder leur nom de la particule *de* (Enregistré, le 18 avril 1755, à la cour souveraine de Lorraine et comté de Bar ; le 14 mai 1755, à la Chambre des comptes).

BAILLIAGE DE NEUFCHATEAU.

Procès-verbal de l'Assemblée générale des trois ordres.

23 mars 1789.

(*Archiv. imp.* B. III., 89. p. 555.)

NOBLESSE.

Charles-Nicolas-Joseph, comte de Lavaux, ancien capitaine des vaisseaux, chef des classes de la marine, chevalier de Saint-Louis, Sgr de Pompierre, Sartes, etc., bailli d'épée du bailliage d'Epinal.

Le marquis d'Adhémar, Sgr de Dambrot.
César-Henri d'Alcoufe.
Le marquis d'Alsace, comte de Bourlemont, Sgr de Brancourt et Circourt.
D'Arbois, Sgr de Jubainville.
Le chevalier d'Arbois.
Le chevalier d'Arbois, Sgr de Moncel et Happoncourt.
La dame douairière de Barbara.
Le marquis de Bassompierre, Sgr en partie du marquisat de Rémoville.
Jean-Charles de Bréaux.
Louis-Léopold de Bréaux.
La dame douairière de Briart.
Gabriel, baron du Buget.
François-Nicolas, chevalier de Civalart.
Collenel, Sgr de Lahayevaux.
Le comte de Coussey.
Le chevalier de Crespy.
La dame Dartois de Sandancourt.
Louis Dossu d'Hébécourt.
Fœuste, marquis de Rémoville.
Le comte de Fontenoy, baron de Dommartin.
Le comte de Fresnel.
Charles-François Gaucher.
Le comte de Gondrecourt.
La dame douairière du comte de Gondrecourt.
De Hennezel.
De Hennezel, Sgr d'Attigneville.
La dame marquise d'Houécourt, douairière du marquis de Ligniville.
De Hurt, Sgr d'Hagnéville.
Le marquis de la Borde, baron du Châtelet.
De Livry, Sgr d'Auzainvilliers, etc.

La dame douairière du comte de Neuilly.
Le chevalier de Noncourt.
Le baron de Noncourt.
De Punerot.
Du Ran de Sylli.
Claude-François Rennepont.
Nicolas Rollin.
Le comte du Rouvrois.
La dame douairière du marquis des Salles.
La dame douairière de Vallée.
Nicolas-Charles de Vassé.
Le marquis de Villers.
La dame de Villers, baronne de Baufremont.
Le baron de Vioménil.
La D^lle de Vioménil.

BAILLIAGE DE REMIREMONT.

Procès-verbal de l'Assemblée générale des trois ordres.

16 mars 1789.

(*Archiv. imp.* B. III., 89, p. 729-743.)

NOBLESSE.

Amable-Gaspard, comte de Thianges, premier gentilhomme de la Chambre de Sa Majesté, feu le roi de Pologne, lieutenant général des armées du roi, grand'croix de Saint-Louis, bailli d'épée du bailliage de Remiremont, absent.
Jean-Claude Deslon de Servance, Sgr haut justicier dudit lieu, conseiller du roi, lieutenant général civil et criminel audit bailliage.

Marc-Sigisbert-Antoine de Bazelaire et Saulcy, chevalier, Sgr de Ventron, Saulcy et Louvigny.
Léopold-Henri de Bertinet, chevalier, ancien capitaine d'infanterie, chevalier de Saint-Louis.
Jean-François de Bruyères, chevalier.
De Buyers, Sgr de Ruaux.
François-Ignace-Louis de Calonne, chevalier, ancien capitaine d'infanterie.
De Darnieulles, Sgr au ban de Vagney.
Le baron de Dombal, Sgr de Buffénicourt au ban de Vagney.
François Gennier Dumas, Sgr de la Foresterie du ban de Vagney.

Le comte de Gircourt, Sgr de Cheniménil.

Le duc d'Havré, Sgr et comte de Fontenoy et de Bain.

De la Salle, Sgr de Géroménil.

Georges-Constant, comte de Martimprey.

Louis de Massey, écuyer, Sgr de Gemmenincourt.

De Pont, Sgr de la Poirié du ban de Longchamp.

Le comte d'Ourches, Sgr de Ravon.

De Rosignen, Sgr de Cornimont.

Le comte de Sommièvre, Sgr en partie du Bain.

Charles-Maurice de Valentin, chevalier, Sgr d'Hadol-la-Tour, Urimenil, Dounoux et Clairgoutte.

Jean-Nicolas Vanesson, écuyer; Claude-Joseph-Toussaint, écuyer; gentilhommes de la Véline.

Jacques-Louis de Vaudechamp, Sgr de Longuet.

Jacques-Joseph de Vaudechamp, écuyer.

Le marquis de Ville-sur-Illon, Sgr d'Uzemain.

BAILLIAGE DE SAINT-DIEZ.

Procès-verbal de l'Assemblée de l'ordre de la noblesse.

23 mars 1789.

(*Archiv. imp.* B. III., 89. p. 1031-1033.)

Colin d'Hurbach, président.

De Bazelaire.

De Bruyères.

De Colroy.

De Crévoisier.

Geoffroy.

Le baron d'Hüart.

Hugo de Spitzemberg.

De la Chambre.

De la Chambre.

De Lesseux.

Menouville.

Ranfaing, secrétaire de l'ordre.

Roüot.

De Ségur.

GOUVERNEMENT MILITAIRE DE LA PROVINCE.

LORRAINE.

Gouverneur général et grand-bailli de Nancy.

M. le maréchal de Contades.

Lieutenant général.

M. le duc de Nivernois.

Commandants en chef.

Le comte de Choiseul-la-Baume.
Le marquis de Chamborant, dans la Lorraine allemande.

Lieutenants des maréchaux de France.

Bar .... De Longeaux, chevalier de Saint-Louis.
Le chevalier de Viart.
Pont-à-Mousson... Le baron de Marimont.
Neufchâteau...... Le baron de Noncourt, chevalier de Saint-Louis.
Le comte de Merigny, chevalier de Saint-Louis.
Blamont .... De Germay, chevalier de Saint-Louis.
Fenestranges ..... Le comte de Saintignon.
Sarreguemines ... Le baron de Méan, chevalier de Saint-Louis.
Saint-Mihiel ..... Le baron de Manonville, chevalier de Saint-Louis.
De Bousmard.
Commercy .... De Bourgogne, chevalier de Saint-Louis.
Nancy .... De Morey.
Mirecourt .... Le Maillot de Pont.
Saint-Diez ...... De Lesseux.
Dieuze .... Pernot de Fontenelle.
Thiancourt....... Le chevalier Dervieux.
De Rouvroy.
Étain .... De Chauvigny.
Épinal .... De Lépée.
Château-Gonthier. Le comte de Rochelambert.

Gouvernements particuliers.

Nancy et la citad..	D'Auteuil, lieutenant de roi.
	De Malartic, adjoint.
	De Saint-Florent, major.
Bitche	Le baron de Frondad, commandant.
	Desmoulin, major.
Sarreguemines ...	Le comte de la Touraille, commandant.
Bar	Le maréchal prince de Beauvau, gouverneur.
Commercy	Le comte de Bercheny, gouverneur.
Neufchâteau	Le marquis d'Avaray, gouverneur.
Épinal	Le marquis d'Agoult, gouverneur.
Pont-à-Mousson ..	Le duc du Châtelet, gouverneur.
Mirecourt	Le comte d'Haussonville, gouverneur.
Saint-Mihiel	Le comte de Boisgelin, gouverneur.

ÉVÊCHÉS.

Gouverneur général et commandant.

Le maréchal duc de Broglie, gouverneur particulier de Metz.

Commandant en second.

Le marquis de Bouillé.

Lieutenants généraux.

Le comte de Noinville.
Le marquis de Fouquet.

Lieutenant de roi.

M. de Ville.

Lieutenants des maréchaux de France.

Metz	De Belchamps de Sainte Ruffine.
	D'Argent, chevalier de Saint-Louis.
Verdun	Sabardin, baron de Vatronville, chev. de Saint-Louis.
	D'Hémard.
Thionville	Le baron de Bock.
Stenay	D'Estagniol, chevalier de Saint-Louis.
Longwy	De Droz.

Gouvernements particuliers.

Metz	De la Varenne, lieutenant de roi.
	De Calvière, major.
Citadelle	Jobal de Pagny, lieutenant de roi.
	De Metric, major.
Verdun et citadelle.	Le comte de Choiseul la Baume, gouverneur.
	De Philippes, lieutenant de roi.
	De Beaumefort, major de la ville.
	D'Aubermesnil, major de la citadelle.
Montmédy	Le marquis de Vogué, gouverneur.
	De Reumond, lieutenant de roi.
	Jacquesson, major.
Chât. de Bouillon.	Fauvéau, lieutenant de roi.
	D'Ivory, major.
Thionville	Du Coudray Nangeville, lieutenant de roi.
	De Chamoin, major.
Longwy	Le marquis d'Autichamp, gouverneur.
	Des Ondes, lieutenant de roi.
	Cellier de Grizy, major.
Sarrelouis	Le marquis de Monteynard, gouverneur.
	De Lambertye, lieutenant de roi.
	Bordenave, major.
Marsal	Le chevalier de Cultures, commandant.
	Le chevalier de Lanoüe, major.
Rodemacker	Le chevalier de Bertrandy, commandant.
Sierck	Kennedy, commandant.
Stenay	De Mezera, commandant.

PRINCIPAUTÉ DE SEDAN.

Gouverneur général.

Le maréchal duc de Laval, gouverneur particulier de Sedan.
Le duc de Laval, son fils, en survivance.

Sedan, ville et chât.	De Saint-Simon, lieutenant de roi.
	De la Tanchère, major de la ville.
	Savary, major du château.

TOUL ET PAYS TOULOIS.

Gouverneur général.

Le duc du Châtelet, lieutenant général.

Lieutenant général.

Le marquis de Pimodan.

Lieutenant de roi.

De la Falaine.

Lieutenants des maréchaux de France.

Toul............ De Jouard Dumaignon.
Le chevalier Taffin, lieutenant de roi.

(État militaire de la France en 1789.)

www.ingramcontent.com/pod-product-compliance
Lightning Source LLC
Chambersburg PA
CBHW060741280326
41934CB00010B/2308